나노 기술과 첨단 세계

1판 3쇄 발행	2024년 3월 26일
글쓴이	이상미
그린이	신성희
편집	이용혁 이순아
디자인	문지현 오나경
펴낸이	이경민
펴낸곳	㈜동아엠앤비
출판등록	2014년 3월 28일(제25100-2014-000025호)
주소	(03972) 서울특별시 마포구 월드컵북로 22길 21, 2층
홈페이지	www.moongchibooks.com
전화	(편집) 02-392-6901 (마케팅) 02-392-6900
팩스	02-392-6902
전자우편	damnb0401@naver.com
SNS	

ISBN 979-11-6363-320-4 (74400)

※ 잘못된 책은 구입한 곳에서 바꿔 드립니다.
※ 이 책에 실린 사진은 위키피디아, 셔터스톡에서 제공받았습니다.

 도서출판 뭉치는 ㈜동아엠앤비의 어린이 출판 브랜드로, 아이들의 지식을 단단하게 만들어 주고, 아이들의 창의력과 사고력을 키워 주어 우리 자녀들이 융합형 창의 사고뭉치로 성장할 수 있도록 좋은 책을 만들겠습니다.

얼마나 작아질까? 어디까지 발달할까?

나노 기술과 첨단 세계

글쓴이 **이상미** 그린이 **신성희**

나노의 세계는 미래를 어떻게 바꿀까?

펴내는 글

첨단 나노 기술은 우리 생활에 어떤 영향을 미칠까요?
눈에 보이지 않는 나노 기술, 어디까지 작아질 수 있을까요?

선생님의 질문에 교실은 일순간 조용해지기 시작합니다. 인내심이 한계에 다다른 선생님께서 콕 집어 누군가의 이름을 부르는 순간 내가 걸리지 않았다는 안도감에 금세 평온을 되찾지요. 많은 사람 앞에서 어떻게 말을 해야 할까 고민 한번 해 보지 않은 사람은 없을 겁니다.

사람들 앞에서 자신의 생각을 조리 있게 전달하는 기술은 국어 수업 시간에만 필요한 것이 아닙니다. 학교 교실뿐만 아니라 상급 학교 면접 자리 또는 성인이 된 후 회의에서도 자신의 의견을 분명히 표현할 수 있어야 합니다. 하지만 어디서부터 시작해야 할지 몰라 입을 떼는 일이 쉽지 않습니다. 혀끝에서 맴돌다 삼켜 버리는 일도 종종 있습니다. 얼떨결에 한마디 말을 하게 되더라도 뭔가 부족한 설명에 왠지 아쉬움이 들 때도 많습니다.

논리적 사고 과정과 순발력까지 필요로 하는 토론장에서 자신만의 목소리를 내려면 풍부한 배경지식은 기본입니다. 게다가 고학년으로 올라가서 배우는 수업과 진학 시험에서의 논술은 교과서 속의 내용만을 요구하지 않습니다. 또한 상대의 의견을 받아들이거나 비판하기 위해서도 의견의 타당성과 높은 수준의 가치 판단을 해야 하는 경우가 많은데, 자신의 입장을 분명히 하기 위해선 풍부한 자료와 논거가 필요합니다.

토론왕 시리즈는 사회에서 일어나는 다양한 사건과 시사 상식 그리고 해마다 반복되는 화젯거리 등을 초등학교 수준에서 학습하고 자신의 말로 표현할 수 있도록 기획

되었습니다. 체계적이고 널리 인정받은 여러 콘텐츠를 수집해 정리하였고, 전문 작가들이 학생들의 발달 상황에 맞게 스토리를 구성하였습니다. 개별적으로 만들어진 교과서에서는 접할 수 없는 구성으로 주제와 내용을 엮어 어린 독자들이 과학적 사고뿐만 아니라 문제 해결력, 비판적 사고력을 두루 경험할 수 있도록 하였습니다. 폭넓은 정보를 서로 연결 지어 설명함으로써 교과별로 조각나 있는 지식을 엮어 배경지식을 보다 탄탄하게 만들어 줍니다. 뿐만 아니라 국어를 기본으로 과학에서부터 역사, 지리, 사회, 예술에 이르기까지 상식과 사회에 대한 감각을 익히고 세상을 올바르게 바라보는 눈도 갖게 할 것입니다.

『얼마나 작아질까, 어디까지 발달할까? 나노 기술과 첨단 세계』는 먼 우주, 가상의 공간에서 펼쳐지는 이야기를 통해서 여러분에게 나노 기술의 역사와 미래 기술에 대해 들려주고 있어요. 먼 미래의 이야기 같지만, 사실 나노 기술은 우리 일상에 깊숙이 들어와 있고, 과학자들은 인간이 좀 더 편리하고 안락한 생활을 할 수 있도록 다양한 분야에서 첨단 기술을 개발하고 있어요. 이 책을 통해 독자 여러분이 나노 기술과 첨단 세계에 대한 다양한 정보와 특성을 이해하고, 그 과정에서 나타나는 여러 가지 사회 현상을 파악해 올바른 가치관을 갖게 된다면 더없이 소중한 시간이 될 것입니다.

편집부

 차례

펴내는 글 · 4
크리크리별의 나노 공주 · 8

 **1장 아기를 찾아라 · 11**

아기가 태어나지 않는 별
너무 작은 공주님

> 토론왕 되기! 나노 기술로 사막에 농사를 지을 수 있을까?
> 나도 기술을 이용한 장난감도 있을까?

 **2장 나노 박사들을 납치하자 · 29**

지구 별 과거 속으로 / 원자의 아버지, 닐스 보어
나도 나노긴 나노인데 / 한자리에 모인 지구 과학자들

> 토론왕 되기! 플라스틱이나 비닐을 대신할 종이가 있다고?
> 꿈의 소재, 나노 셀룰로스

 **3장 첫 번째 미션, 아기를 보호하라 · 55**

뭘 해야 할까
크리크리별의 과학기술

> 토론왕 되기! 항균에 뛰어난 은 나노가 위험하다고?
> 나노 물질의 위험성

뭉치 토론 만화
나노 기술, 계속 연구해야 할까? · 69

4장 공주를 구한 과학자들 · 77

박사들의 새로운 아이디어

더 이상의 과학은 안 돼

나노 로봇의 반란

토론왕 되기! 일상생활에서 나노 독성을 피할 수 있을까?

5장 나노를 느끼게 하라 · 101

크리크리별에서 벗어나고 싶어

다시 지구로

토론왕 되기! 홀로그램과 나노가 관련이 있을까?

어려운 용어를 파헤치자! · 119
나노 기술과 첨단 세계 관련 사이트 · 120
신나는 토론을 위한 맞춤 가이드 · 121

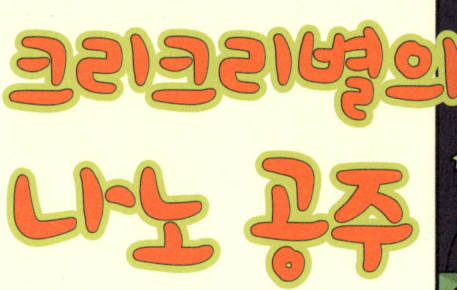

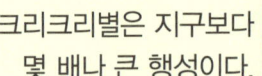

⭐ 아기가 태어나지 않는 별

지구에서 우주 멀리 떨어진 곳에 크리크리별이 있었어요. 지구보다 아주아주 큰 별이었지요.

크리크리별 사람들은 사는 데 그다지 걱정이 없었어요. 자원은 풍부했고, 기후는 춥지도 덥지도 않았어요. 그렇게 살기 좋았기 때문이었을까요? 크리크리별 사람들은 모두 길쭉길쭉 키가 크고 예뻤답니다. 자라는 게 멈추지 않아서 행성 이름도 크리크리별이었어요.

계속 자라기만 하면 큰일 아니냐고요? 하지만 모두 함께 자라니 크게 걱정할 필요가 없었어요. 크리크리별은 의술이 뛰어나서 특별히 아픈 사람도 없었지요. 사람들은 건강하게 오래오래 살았고, 병 때문에 죽는 사람도 드물었지요.

걱정이 있다면 딱 하나. 언제부터인가 아기들이 잘 태어나지 않는다는 거였어요. 전쟁도 없고 병도 없어서 인구가 줄지는 않았지만, 그래도 귀여운 아기를 만날 수 없다는 건 슬픈 일이었어요. 왜 아기가 태어나지 않는지는 알 수 없었어요.

"귀여운 아기 소리를 들어 본 지 너무 오래되었군요."

"아기의 보드라운 살을 만져 본 지가 언제였는지 기억도 안 나요."

그러던 어느 날 반가운 소식이 들려왔어요. 크리크리별의 왕과 왕비 사이에서 곧 아기가 태어날 거라는 소식이었어요.

크리크리별 사람들은 모두 들떠 있었어요. 도대체 이게 얼마 만에 듣는 아기 소식인지요. 모두 새로 태어날 왕자님 또는 공주님을 기다리며 설레었답니다.

아기 탄생을 기념하기 위해 축제를 준비하고, 아기 선물을 무엇으로 할지 고민했어요.

"왕비님은 얼마나 행복하실까?"

"아기에게 예쁜 옷을 만들어 주겠어요."

"아기가 편안하게 쉴 수 있는 요람을 주문해서 궁에 보내야겠어요."

크리크리별 왕궁에 곧 태어날 아기는 모두의 아기였지요. 모든 크리크리별 사람들이 두 근 반 세 근 반 가슴을 졸이며 아기 탄생을 기다렸답니다.

드디어 아기가 태어나는 날이 되었어요. 모두 다른 일이 손에 잡히지 않았어요. 어떤 아기가 태어날지 궁금하고 빨리 보고 싶었어요.

그런데 하루가 지나가고, 또 이틀이 지났는데도 궁에서는 아무런 소식이 들려오지 않았어요.

"왜 아기 소식이 없지?"

"아직도 아기가 안 태어났나?"

"귀한 아기라 애를 태우나 봅니다."

궁금증은 점차 걱정으로 변해 갔어요.

"아직도 아기가 태어나지 않은 건 정말 이상한 일이에요."

"왠지 모두 쉬쉬하는 느낌이야."

크리크리별 사람들은 안 좋은 예감이 들었어요. 도대체 어떻게 된 일일까요? 아이가 잘못되기라도 한 걸까요?

한편 크리크리 궁에서는 한숨으로 땅이 꺼질 듯했어요.

"아, 어쩌면 좋단 말인가?"

왕은 한숨만 푹푹 내쉬었어요. 옆에서는 왕비가 눈물을 뚝뚝 흘리고 있었지요.

"흑흑, 아기를 돌봐야 하는데 너무 걱정이에요."

신하들도 왕과 왕비의 눈치를 보느라 맘껏 이야기도 못했어요.

"언제까지 이렇게 있을 수는 없습니다."

한 신하가 조심스레 말했어요.

"그래, 어쩌면 좋겠소?"

왕은 기운 빠진 목소리로 말했어요.

"반드시 방법을 찾아보겠습니다."

"제발 그래 주시오."

왕과 왕비는 신하들에게 거듭 부탁했어요.

⭐ 너무 작은 공주님

며칠 뒤 크리크리별 과학자들이 한자리에 모였어요.

"갑자기 우리를 왜 모이라고 한 거지?"

항상 투덜대는 나아가 박사가 볼멘소리를 했어요.

"전 다른 별에서 급하게 오느라고 블랙홀에 빠질 뻔했다고요."

과학자 점점 박사가 투덜대며 말했어요.

"점점 박사는 우주에서 그만 떠돌고 우리 크리크리별에서 연구를 하시지요."

점점 박사는 자기를 비난하는 말에 발끈했어요.

"우리 크리크리별의 가장 큰 문제가 무엇인지 아십니까? 바로 사막 같은 땅이 너무 많다는 겁니다. 저는 그걸 기름진 땅으로 바꿀 방법을 찾느라 우주의 다른 별들을 연구하는 중입니다. 과학자로서 제가 할 일을 하고 있는데, 떠돈다고 표현하는 건 좀 불쾌하군요."

"여행인지 연구인지 헷갈려서 그럽니다."

"연구입니다, 연구. 답사, 자료 조사라고요. 언젠가 제 덕을 볼 날이 반드시 올 테니 두고 보시지요."

점점 박사는 당차게 말했어요.

과학자들은 늘 우주를 떠돌아다니는 점점 박사를 못마땅하게 여겼어요. 수년째 돌아다니면서 특별한 성과를 못 내고 있었거든요.

과학자들이 모인 회의실은 넓고 웅장했지만 키가 큰 크리크리인들이 하나둘 모이니 좁아 보이기까지 했어요.

크리크리인들은 몸집도 어마어마하게 컸어요. 별 이름인 크리크리가 주문과도 같아서, '크리크리'라는 말만 하거나 듣기만 해도 키가 조금씩 자랐거든요.

잠시 후 유난히 길쭉한 크리크리인이 회의 장소로 조용히 들어왔어요. 그가 손으로 허공을 가리키자 홀로그램 영상이 나타났어요.

영상을 본 크리크리별 과학자들은 모두 깜짝 놀랐어요.

"아니, 기다리던 아기가 태어났는데 안 보인다고요?"

"보이지 않는데 태어났다고요?"

"어떻게 그럴 수가 있죠?"

"그렇지만 아기 소리가 들리는 걸 보니 태어난 건 확실해요."

과학자들은 각자 속으로 생각했어요.

'소리가 들리는데 보이지 않는다고?'

'그럼 우리를 부른 이유가?'

잠시 뒤 과학자들 앞에 왕과 왕비가 나타났어요. 과학자들은 모두 허리 숙여 인사를 했지요.

"여보게들, 영상을 보았겠지? 지금 나도 왕비도 몹시 침통하네. 아기

우는 소리는 계속 들리는데, 아기가 보이지도 만져지지도 않아."

"아기를 먹이고 씻기고 재워야 하는데, 어찌해야 할지……."

왕비는 울음 섞인 목소리로 말했어요.

"혹시 태어난 아기가 투명한 걸까요? 어떤 형태가 없이 말입니다."

한 과학자가 입을 열었어요.

"그건 아니라네. 너무 작아서 그렇지 아기가 있었던 흔적은 남거든."

"폐하, 아기가 있는지 없는지 제가 증명할 수 있어요."

모두 깜짝 놀란 얼굴로 한 과학자를 보았어요. 우주를 방랑하던 과학자 점점이었어요.

왕은 궁금한 마음에 과학자 점점에게 바짝 다가갔어요.

"어떻게?"

"제가 말했죠? 제가 우주로 여러 가지 자료를 찾아다니던 게 반드시 쓸모가 있을 거라고요. 저한테는 지구별에서 가져온 전자 현미경이 있습니다."

"전자 현미경?"

점점 박사는 전자 현미경에 대해 자세히 설명했어요. 전자 현미경은 아주 작은 것도 볼 수 있는 물건이에요. 점점 박사는 소리가 난다는 것은 작게라도 그 형체가 있다고 생각해서 자신 있게 말한 거예요.

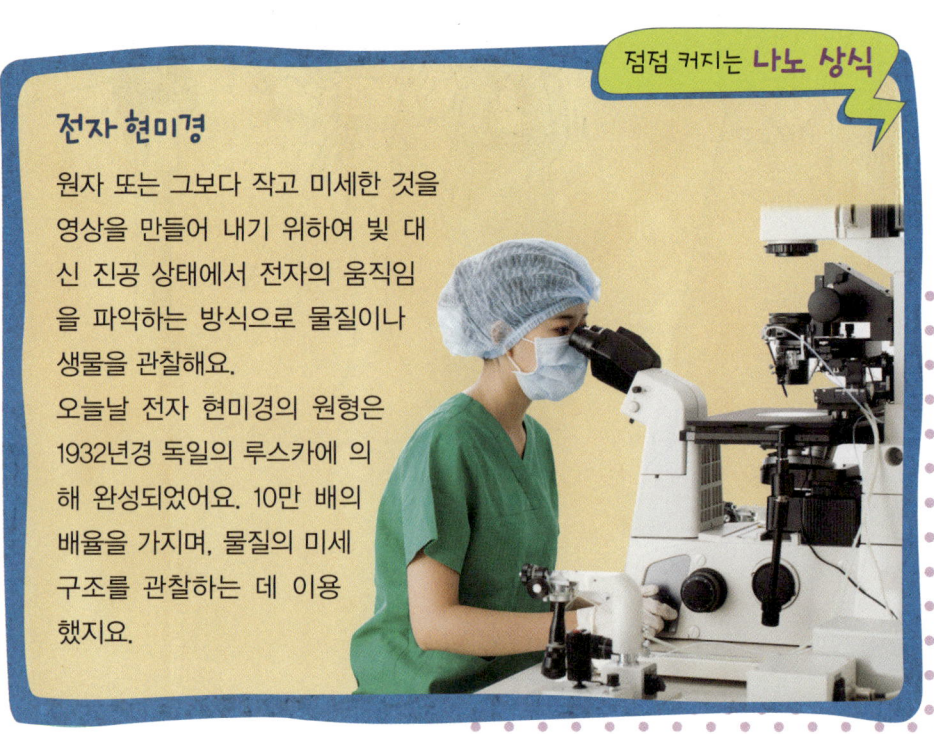

점점 커지는 나노 상식

전자 현미경

원자 또는 그보다 작고 미세한 것을 영상을 만들어 내기 위하여 빛 대신 진공 상태에서 전자의 움직임을 파악하는 방식으로 물질이나 생물을 관찰해요. 오늘날 전자 현미경의 원형은 1932년경 독일의 루스카에 의해 완성되었어요. 10만 배의 배율을 가지며, 물질의 미세 구조를 관찰하는 데 이용했지요.

그렇지만 매번 전자 현미경으로 공주를 들여다볼 수는 없는 일이었어요. 24시간 전자 현미경을 갖고 다닐 수도 없고요.

"보이지 않다고 현미경으로 관찰만 한다고? 아니, 아기가 물건인가? 관찰만 하게?"

많은 과학자들이 혀를 끌끌 찼어요.

그때 한 과학자가 좋은 생각이 있다고 말했어요.

"저한테 아주 좋은 방법이 있어요. 공주가 있는 곳에서 쉴 새 없이

크리크리를 말해 주는 거예요. 크리크리 소리를 들으며 공주는 점점 자랄 테니까요."

"눈에 보일 만큼 공주가 자랄 동안 우린 크리크리만 외치는 거 외엔 할 수 있는 게 없다니."

왕비는 안타까운 듯 한숨을 푹 내쉬었어요. 쉴 새 없이 손수건으로 눈물을 훔쳤고요.

갑자기 점점이 탁자를 탁 하고 치더니 목소리를 높였어요.

"데려옵시다!"

점점의 표정은 의기양양했어요.

"뭘요? 누구를요?"

"지난번 지구별로 여행을 갔을 때 보니, 지구별에는 나노 과학이 발달되어 있었어요."

크리크리 과학자들이 나노라는 말에 모두 눈이 동그래졌어요.

"나노는 눈에 보이지 않은 아주 작은 입자인데, 그걸 연구하는 과학자들을 우리 크리크리별에 데려오는 겁니다."

"그 사람들이 모두 한곳에 모여 있나요?"

점점은 잠시 머뭇거리다가 말을 이었어요.

"아니요. 다른 나라, 다른 시대에 있어요. 나노가 신기해서 찾아보다가 과거와 현재를 왔다 갔다 하면서 알았죠."

"아니, 그게 말이 되는 이야기인가?"

점점 박사의 스승인 나아가 박사가 언짢은 목소리로 말했어요.

"자네는 우리 별이 지구와 어떤 관계인지 알지 않나. 그런데도 타임머신으로 역사에 간섭하겠다고?"

"그래요. 힘들지만 돌아가면서 크리크리 주문을 외워 봅시다. 언젠가는 공주님이 보이지 않겠습니까?"

과학자들은 이 외에도 점점의 생각을 반대하는 이야기를 마구 늘어놓았어요. 의심을 사기 딱 좋다고도 했고, 시공간이 다른 사람들을 데려왔다가 잘못되면 어떡하냐고 격렬하게 반대했어요.

여러 의견을 듣고 있던 크리크리 왕이 말했어요.

"음, 난 좋은 방법이라고 생각하네. 일단 시간을 멈추고 각 시대 나노 전문가들을 데려오시오. 우리 크리크리별에 새로운 생명이 태어난 것은 아주 오랜만의 일이요. 크리크리인들은 과거로 돌아갈 수 있으니, 어려지고 싶다면 얼마든지 어린 시절로 돌아갔지. 그러다 보니 새로운 생명보다 자기 자신만 생각해 왔다오. 크리크리별의 미래를 위해서라도 방법을 찾아봅시다."

크리크리별 과학자들은 결국 지구별 나노 과학자들을 데려오기로 결정했어요. 그 막중한 임무는 당연히 과학자 점점이 맡게 되었고요. 오직 나아가 박사만 한숨을 푹 내쉬었답니다.

나노가 뭐예요?

나노는 난쟁이를 뜻하는 그리스어 '나노스(nanos)'에서 기원한 말이에요. 그만큼 작다는 뜻으로 나노 기술은 눈에 보이지 않는 수준의 기술을 가리키기도 해요. 1nm(나노미터)는 10억 분의 1m(미터)로 머리카락 굵기 8만 분의 1 크기예요. 만약 지구 크기만 한 축구 선수가 실제 크기의 축구공을 다루고 있다고 하면, 그 크기의 차이를 상상할 수 있겠어요?

나노 세계는 물질의 최소 단위인 원자의 세계예요. 따라서 나노 기술은 정밀도를 요구하는 극 미세 가공 과학기술로, 최소의 원료로 최고 성능을 지닌 제품을 생산하는 기술입니다. 나노 기술을 이용하면 특별한 기능을 가진 새로운 물질과 첨단 제품을 만들어 낼 수 있어요.

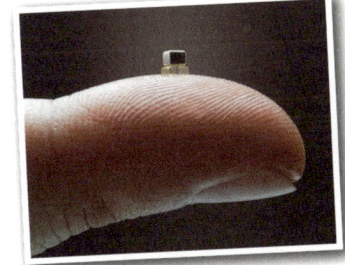

나노의 시대

나노 융합 소재가 전기·전자, 자동차, 항공, 섬유, 정보 통신(IT), 디스플레이, 에너지, 인공 지능(AI), 의료·바이오, 3D 프린팅, 로봇 등 다양한 산업과 접목되면 이 분야에서 획기적인 변화가 생겨요. 가장 기대되는 기술은 생명 공학 부분이에요. 나노 바이오 기술은 질병을 미리 발견할 수도 있고, 약물을 전달하거나 치료하는 의사의 기능을 할 수도 있지요. 우리가 불가능하다고 여겼거나 완치가 어려웠던 질병을 치료할 가능성이 매우 높아지는 거예요. 20세기를 마이크로 시대라고 한다면 21세기는 나노의 시대라고 할 수 있답니다.

토론왕 되기!

나노 기술로 사막에 농사를 지을 수 있을까?

크리크리별의 가장 큰 문제는 사막 같은 땅을 어떻게 하면 농사짓는 땅으로 바꿀 수 있을까 하는 거예요.

지구 역시 기후 변화와 산업화로 인한 무분별한 토지 개발 때문에 농사지을 수 있는 땅이 점점 줄어들고 있어요. 그런데 2000년대 중반 노르웨이의 한 과학자가 액상으로 된 나노 점토를 개발하면서 희망이 보이기 시작했어요. 이 나노 점토는 1.5㎚ 크기의 점토 입자와 물을 특수한 방식으로 섞은 것인데요, 이것으로 모래 입자들을 코팅해 주면 수분과 영양분이 모래에 달라붙어요. 그래서 스프링클러로 물을 충분히 뿌려 주면 7시간 뒤 황폐하고 메마른 사막 땅이 농지가 된다고 해요. 사막은 물을 머금고 있지 못하고 지하로 흘러들어가는데, 이 나노 점토는 물을 빨아들이는 역할을 하기 때문에 가능한 거예요. 시험 결과 물도 덜 들고 작물 재배량도 늘었지만, 문제는 비용이

액상 나노 점토를 뿌리는 모습
(자료: 데저트콘트롤)

많이 들고 무엇보다 이 비자연적인 방식이 자연 생태계에 어떤 영향을 줄지 아직 알 수 없다는 점이랍니다.

나노 기술을 이용한 장난감도 있을까?

요즘 여러분은 황토색 찰흙보다 하얀색 점토를 더 많이 갖고 놀 거예요. 말랑말랑하고 가벼워서 어떤 형태로든 변형시키기 좋은 데다, 바싹 마른 후에는 자유롭게 색칠하기도 좋으니까요. 그런데 이 점토에도 나노 기술이 접목되었다는 사실을 알고 있나요?

나노 소재 기반의 초경량 조색 점토는 가장 진화된 '4세대 클레이'로 분류된다고 해요. 무게가 일반 점토의 8분의 1밖에 안 되고, 촉촉하고 부드럽다는 특징이 있어요. 또 굳어진 점토에 물을 살짝 묻혀 반죽하면 원래 상태로 되돌아오기 때문에 다시 사용할 수 있다는 점에서 친환경적이기도 해요. 이러한 초경량 점토는 아이들 놀잇감으로 활용될 뿐만 아니라 미니어처 공예가에게도 큰 인기를 끌고 있어요.

이 외에 주변에서 나노 기술을 도입할 만한 분야가 또 있을까요?

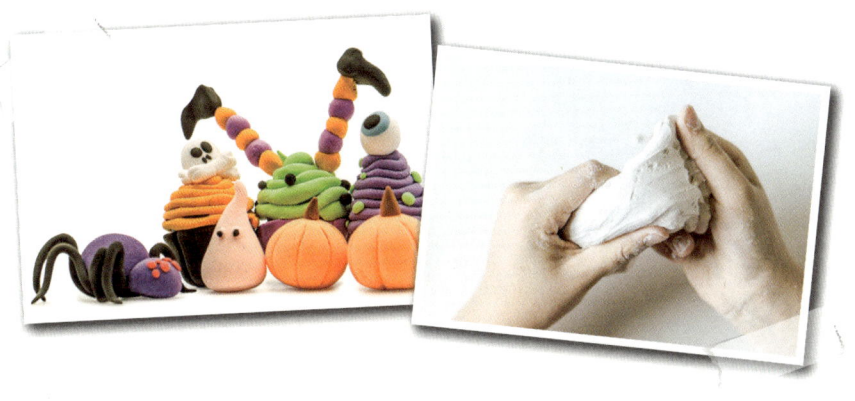

눈에 보이는 것과 보이지 않는 것

아주아주 작아서 보이지 않는 세계에 대해 생각해 본 적이 있나요?
다음 중 눈으로 관찰할 수 있는 것은 무엇인가요?

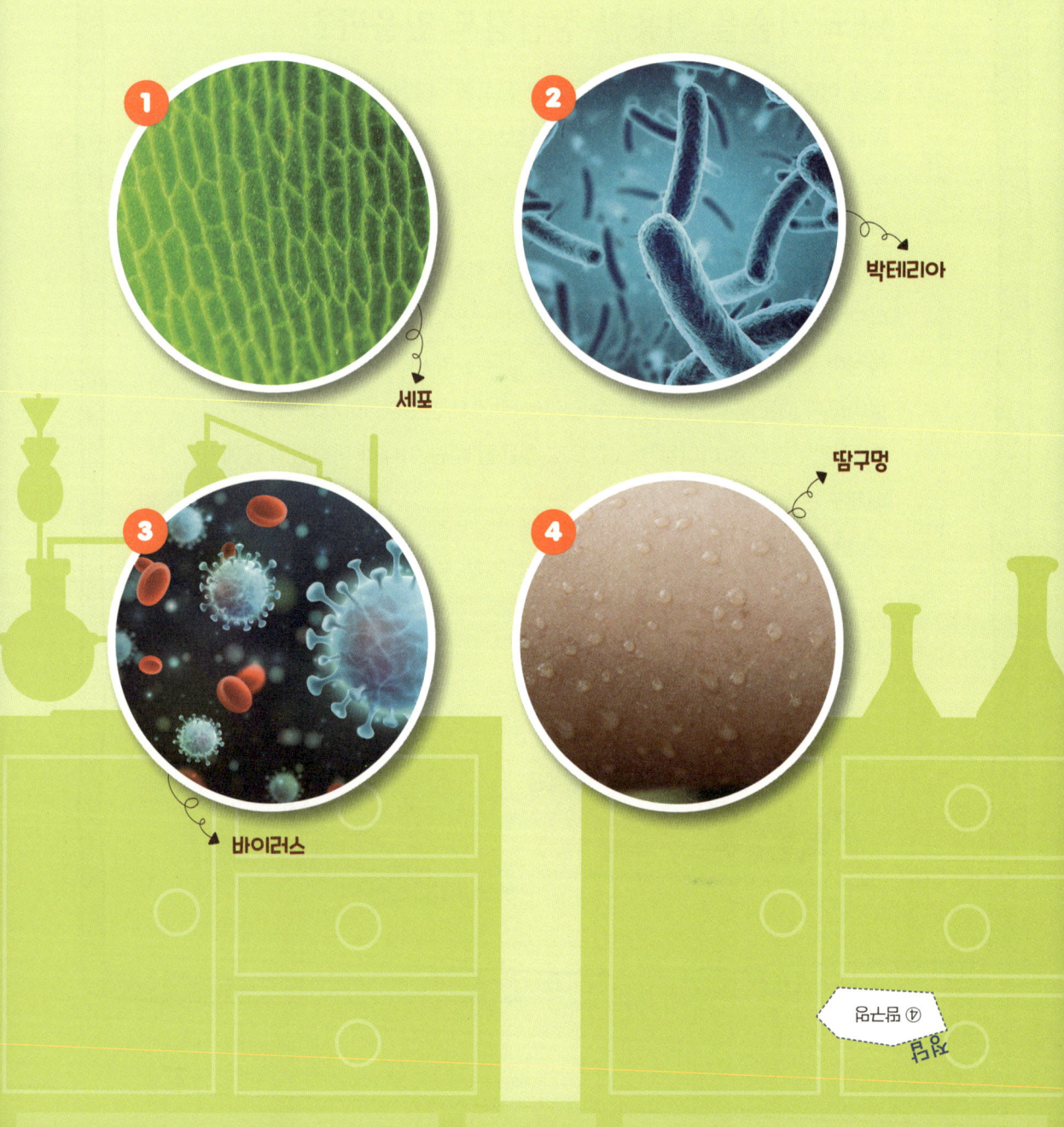

1. 세포
2. 박테리아
3. 바이러스
4. 땀구멍

정답 ④ 땀구멍

지구 별 과거 속으로

1959년 12월 29일 저녁.

미국 헌팅턴에 있는 쉐라톤 호텔에서는 리처드 파인먼 박사가 사람들 사이에서 껄껄 웃고 있었어요. 캘리포니아 공대에서 초대한 저녁 식사 모임이었지요.

리처드 파인먼 박사가 호탕하게 웃으며 강연을 시작했어요.

"저는 오늘 엄청난 것들이 이뤄질 수 있는 한 분야에 대해 설명하고자 합니다. 아직까지 거의 아무것도 이뤄지지 않았지만 원리상 획기적인 것입니다."

파인먼 박사는 《바닥에는 풍부한 공간이 있다》는 강연을 시작하고

있었어요. 그 자리에 모인 캘리포니아 공대 과학자들은 모두 귀를 기울였어요. 그들 중에는 크리크리별의 과학자 점점도 있었지요.

과학자 점점은 파인먼 박사가 하려는 이야기를 금세 알아차렸어요.

'음, 바로 나노 이야기를 하고 있군.'

파인먼 박사는 말했어요.

"자, 내기를 하죠. 어떤 책 한쪽에 적힌 정보를 2만 5천 분의 1 크기로 축소 기록한 다음, 전자 현미경으로 읽을 수 있게 한 최초의 사람에게 상금 1천 달러를 드리겠습니다. 또 한 변이 0.4㎜인 정육면체 크기의 모터로 외부에서 제어할 수 있는 회전 전기 모터를 최초로 만든 사람에게도 상금 1천 달러를 드리죠."

모인 사람들은 모두 술렁거리기 시작했어요.

"1천 달러를 준대!"

"돈보다 너무 재미있는 생각 아냐? 그런데 가능할까?"

점점은 사람들을 둘러보았어요. 모인 사람들은 대부분 과학자들이었지만, 점점의 관심은 오로지 파인먼 박사뿐이었지요.

점점은 크리크리별에서 가져온 가루를 그들에게 뿌리면서 나지막이 읊조렸어요.

"크리크리, 크리크리."

그 상태로 시간이 멈추었어요.

점점 커지는 **나노 상식**

리처드 필립스 파인먼(1918~1988)

미국의 물리학자예요. 노벨 물리학상 수상자로, 일반 사람들이 읽을 수 있는 책을 여러 권 써서 과학의 대중화에 힘쓴 과학자예요.

파인먼은 미국 뉴욕시 퀸즈의 작은 마을에서 태어났어요. 어린 시절 라디오를 수리하거나 금고와 자물쇠를 여는 일이 취미였어요. 음악과 미술에도 재능이 많아서 드러머, 화가로도 활동을 하였고 유머와 재치도 뛰어났어요.

1939년 매사추세츠 공과 대학교(MIT)를 졸업하고 프린스턴 대학교에서 공부한 후 24세에 박사 학위를 받았어요. 제2차 세계 대전 중에는 원자 폭탄 개발 계획인 '맨해튼 계획'에 참여했어요. 전쟁 후 1945년 코넬 대학교에서 이론 물리학 조교수로, 1950년 캘리포니아 공과 대학교 교수로 재직하였어요.

코넬 대학교 시절부터 양자 전기 역학을 연구하였으며 이후 재규격화 이론을 완성했어요. 1950년 이후에는 액체 헬륨 이론을 연구했어요. 1954년 '알베르트 아인슈타인상'을 수상하였으며 1965년 양자 전기 역학의 재규격화 이론 연구의 업적으로 줄리언 슈윙거, 도모나가 신이치로와 함께 노벨 물리학상을 수상하였어요. 접시가 돌아가는 모습을 연구하다 전자의 위치를 예측하는 파인먼 도표를 만들어 내며 물리학 이론을 발전시켰어요. 41세에 《바닥에는 풍부한 공간이 있다》라는 나노의 존재를 암시하는 강연을 하며 '엄청나게 작은 세상'을 탐험할 수 있는 현미경을 만들 것을 과학자들에게 촉구했지요. 파인먼은 아인슈타인과 더불어 20세기 최고의 물리학자로 인정받고 있어요.

점점은 일단 파인먼 박사를 크리크리별로 옮겨 놓은 다음, 다시 지구로 이동했어요.

"이번엔 나노 과학의 아버지라 불리는 사람에게 가 볼까?"

크리크리별 점점 박사는 에릭 드렉슬러 박사를 찾아 1986년으로 갔어요. 드렉슬러 박사는 파인먼 박사의 제자였지요.

"오, 이걸 사람들이 믿을까? 분자 조립 기계, 이 기계만 있다면 못 만들게 없지. 아주 저렴한 가격으로 말이야. 나노 로봇을 만들면 세상이 달라질 거야."

점점은 드렉슬러 박사(31세의 나이)를 눈여겨보았어요. 드렉슬러 박사는 자신의 생각을 책으로 내려고 준비중이었어요. 책 제목은 『창조의 엔진』이었지요.

"나노 로봇이 세포의 모든 정보를 담고서 세포를 수리하는 일을 할 수 있을 거야. 이게 현실화되면…… 오, 생각만 해도 엄청난걸."

'그래. 에릭 드렉슬러 박사가 예견한 나노 로봇은 우리 크리크리별 공주를 위해 할 수 있는 일이 많을 거야. 나이 든 에릭 드렉슬러보다 젊은 시절 혈기 왕성한 박사를 데리고 가는 게 낫지.'

점점은 크리크리별에서 가져온 가루를 뿌리려다 잠깐 멈추었어요.

"음, 아냐 아냐. 좀 더 개발된 나노 기술을 가진 드렉슬러 박사를 데려가야겠다."

점점은 두 손을 머리에 갖다 대고 눈을 감았어요. 크리크리 사람들은 머리에 장면을 기억하는 능력이 있어서 수첩처럼 꺼내 볼 수 있었어요. 점점은 다시 1992년 6월 미국으로 갔어요.

미국 상원 소위원 회의가 열리고 있는 장소였지요. 드렉슬러 박사는 9장짜리 문서를 50부 만들어서 의원들에게 돌렸어요.

"미국은 분자 기술에 대해 더 많은 그리고 지속적인 관심을 가져야 합니다."

"아니, 대체 분자 기술이란 게 뭐요?"

"그 작은 분자에 들어갈 수 있는 기술이 있다고요?"

질문을 한 사람은 미국의 상원 의원인 앨 고어였어요. 이듬해에 미국 부통령으로 취임하는 환경 전문가였지요.

"분자 기술은 분자 하나하나를 조종할 수 있고 물질을 관리할 수 있는 기술이에요. 눈에 보이지 않는 nm(나노미터) 단위까지 말입니다."

드렉슬러 박사는 과학자들에게 몽상가 취급을 받고 있었어요. 나노 기술을 현실로 믿는 과학자는 거의 없었거든요.

앨 고어는 드렉슬러 박사와 오랜 시간 대화하며 드렉슬러 박사의 눈을 들여다보았어요. 드렉슬러 박사의 눈에는 진심이 엿보였어요.

상원 의원 앨 고어는 드렉슬러 박사를 밀어 주기로 마음먹었어요. 그 후 2000년 1월 미국의 빌 클린턴 대통령은 어떤 과학기술 계획을 발표

점점 커지는 나노 상식

에릭 드렉슬러(1955~)

에릭 드렉슬러는 나노 과학의 창시자예요.
MIT에서 분자 나노 기술 분야 최초로 박사 학위를 받았어요. 어려서부터 어머니가 읽어 주던 과학 소설 덕분에 첨단 과학기술에 대해 남다른 관심을 가졌어요. 드렉슬러는 대학 도서관에서 유전 공학에 관한 서적을 보고, 원자를 조작하여 기계를 만들 수 있다는 아이디어를 떠올렸다고 해요.

이후 1980년 나노 기술이라는 말을 처음으로 사용하면서, 본격적인 나노 기술에 관한 논문 〈분자 엔지니어링〉을 발표했지만 사람들은 큰 관심을 보이지 않았어요.
1981년 미국 과학 아카데미에 같은 내용의 논문을 발표하면서 세상에 나노 시대가 조금씩 알려졌지요.
드렉슬러는 5년 뒤 현재 연구되는 나노 기술의 방향을 제시한 책 『창조의 엔진(Engines of Creation)』을 출간하면서 세계 과학계의 스타가 되었어요. 드렉슬러는 나노 기술이 산업 혁명, 항생제, 핵무기를 모두 합친 것보다 더 커다란 변화를 가져올 것이라고 주장했답니다.
드렉슬러가 말하는 나노 기술의 특징은 원가가 저렴하고, 대량 생산이 가능하며, 가장 친환경적으로 만들 수 있다는 점이에요. 하지만 무기 생산 등 세상을 파괴하는 데 이용될 수 있기 때문에 과학적 책임에 대해서 생각해 봐야 해요.

했어요. 바로 나노 기술 구상 계획이었지요.

"나노 기술은 미국 의회 도서관에 소장된 모든 정보를 작은 각설탕 한 개 크기의 장치에 집어넣을 수 있는 기술입니다. 정말 대단한 기술이지 않나요?"

크리크리별 점점 박사는 주먹을 꽉 쥐었어요.

'그래, 바로 이 기술이 우리 별에 필요한 거야. 나노 기술을 활용하면 공주를 지킬 수 있어. 이쯤에서 드렉슬러 박사를 데려가야겠군.'

점점 박사는 조용히 크리크리를 읊조리며 시간을 멈추었어요. 그러고는 드렉슬러 박사를 크리크리별로 데려갔답니다.

원자의 아버지, 닐스 보어

'음, 이제 누구를 데려오면 될까? 음 그렇지. 원자 모형을 밝힌 닐스 보어도 데려와야겠군.'

닐스 보어는 덴마크의 유명한 물리학자예요. 덴마크 화폐에도 나올 정도지요.

점점 박사는 젊은 시절의 닐스 보어를 데려오려고 했어요. 물리학의 기초를 세운 과학자와 함께 논의하다 보면, 근본적인 것부터 바로잡을 수 있지 않을까 하는 기대를 갖고 있었기 때문이지요.

점점 박사는 어느 시기로 갈까 한참을 고민하다가 일단 영국으로 이동했어요.

영국 케임브리지 대학에는 조지프 톰슨 박사가 있었어요. 점점 박사가 막 도착했을 때 마침 어느 젊은이가 톰슨 박사를 찾아왔어요.

"박사님, 박사님께 원자 물리학을 배우고 싶어서 찾아왔습니다."

젊은이는 덴마크 코펜하겐에서 온 닐스 보어였어요.

닐스 보어는 톰슨 박사와 연구를 하고 싶어 찾아온 거였어요. 톰슨 박사는 보어를 받아들이긴 했지만, 그다지 친절하게 대해 주진 않았어요. 닐스 보어는 영어가 서툴렀고, 의사소통이 원활하지 않자 톰슨 박사는 닐스 보어에게 내내 무관심했지요. 닐스 보어는 섭섭하고 속상한

> **점점 커지는 나노 상식**
>
> ### 조지프 존 톰슨(1856~1940)
>
>
>
> 조지프 존 톰슨은 1856년 맨체스터에서 태어났어요. 어릴 때부터 수학에 뛰어난 재능을 보였고 케임브리지 대학 물리학 교수가 되었어요. 톰슨의 가장 큰 업적은 전자 발견이지만 더 큰 공헌은 뛰어난 스승이 된 것이었어요. 그의 제자 중 7명이나 노벨상을 받았으니까요. 톰슨의 지도 학생이었던 어니스트 러더퍼드나 윌리엄 헨리 브래그, 막스 보른, 로버트 오펜하이머 등은 훗날 물리학에서 큰 공헌을 하게 돼요. 그의 아들인 조지 패짓 톰슨 역시 전자의 파동 성질을 증명함으로써 1937년에 노벨상을 수상했어요. 톰슨은 가스의 방전에 대한 이론적, 실험적인 조사 공적을 인정받아 1906년에 노벨 물리학상을 수상했답니다.

마음이 들었지만 최선을 다해 실험을 하며 열심히 연구했어요.

원래 톰슨은 자기 연구에만 몰두하는 과학자가 아니었어요. 과학자로서 연구 결과를 내는 데에도 신경 썼지만, 학교 관리자로서 제자 양성에도 힘을 썼지요. 가르치는 데 의무를 소홀히 하지 않아 오전에는 과학 초급반 강의를, 오후에는 대학원 강의를 하기도 했어요. 그런데 닐스 보어 박사하고는 안타깝게도 소통이 잘되지 않았어요.

점점 박사는 닐스 보어를 바로 데려가지 않고 좀 더 지켜보았어요. 사실은 보어에게 말해 주고 싶어서 안달이 났어요.

'여기가 아니오. 여기가 아냐. 당신은 톰슨 박사를 떠나야 한다고.'

점점 박사는 닐스 보어의 미래를 다 알고 있기에 그냥 지켜보기가 힘들 지경이었어요.

결국 닐스 보어는 톰슨 박사를 떠나 맨체스터 대학교에 있는 러더포드 박사에게 갔어요. 러더포드 박사도 톰슨 박사의 제자였지요. 닐스 보어는 러더포드 박사와 함께 전자의 에너지에 대해 연구했어요.

과학자의 하루는 매일매일이 비슷한 것 같아 보여도 그렇지 않아요. 열심히 연구하고 실험하면서 조금씩 생각이 발전하고 새로운 사실을 알아내지요.

"원자가 있고 전자는 원자 주위를 돌고 있지. 전자는 아무렇게 도는 게 아니야. 정해진 궤도가 있어. 전자가 안정적으로 원자 주위를 돌려면 에너지가 낮아야 해."

닐스 보어는 종이에 그림을 그렸어요.

마치 우주의 태양계를 그리는 듯했지요. 오랫동안 눈여겨보고 있던 점점 박사는 그 그림이 원자와 전자의 궤도라는 걸 알아차렸어요.

'지금이 좋겠다.'

그렇게 닐스 보어도 크리크리별로 이동했답니다.

원자 모형은 어떻게 알아내게 되었을까?

원자가 물질의 가장 최소 단위 기본 입자로 알고 있던 과학자들은 원자도 내부 구조가 있는 입자라는 게 밝혀지자, 원자가 무엇으로 어떻게 구성되었는지 알아보기 시작했어요.

전자를 발견한 톰슨은 1904년, 전자가 원자 전체에 골고루 박혀 있다는 '정적인 모형'을 제안했는데, 사실 이건 틀린 이론이었어요.

원자의 새로운 모형은 뉴질랜드 과학자 러더퍼드가 혁신적으로 생각해 냈어요. 그는 원자 중심에는 원자의 질량 대부분을 차지하는 양전하를 띤 핵이 있어야 하고, 핵은 원자 크기의 1만 분의 1 정도에 불과하다고 했어요. 그리고 전자는 핵 주위에 분포되어 핵과 전기적인 균형을 이루어야 한다면서 '동적인 모형'을 제시했답니다.

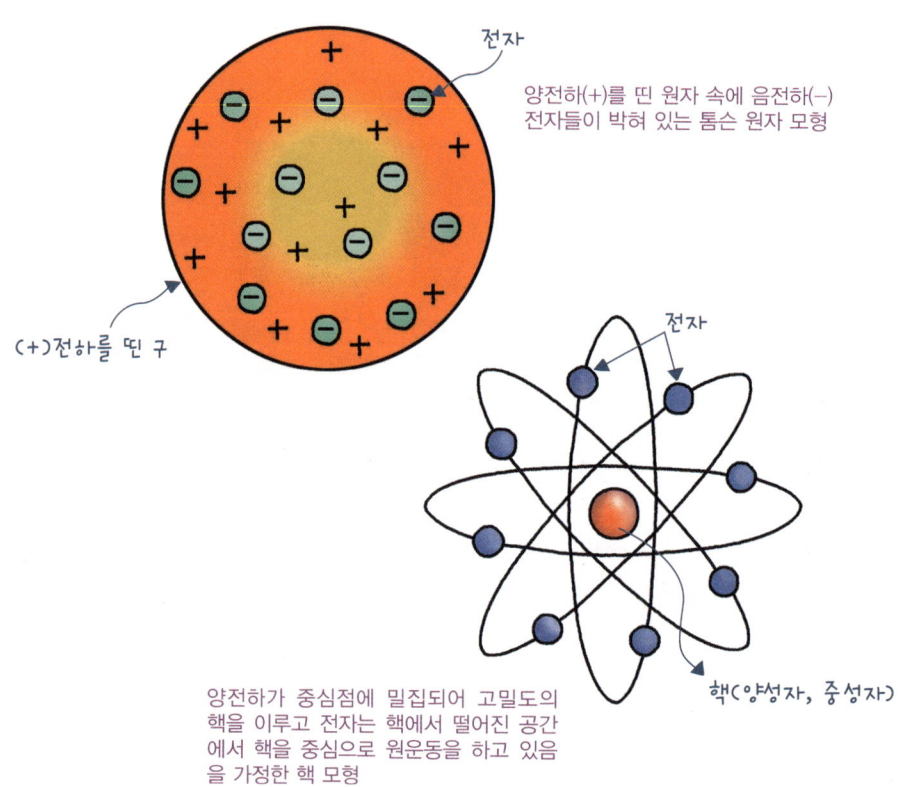

양전하(+)를 띤 원자 속에 음전하(−) 전자들이 박혀 있는 톰슨 원자 모형

양전하가 중심점에 밀집되어 고밀도의 핵을 이루고 전자는 핵에서 떨어진 공간에서 핵을 중심으로 원운동을 하고 있음을 가정한 핵 모형

하지만 러더퍼드는 원자 모형이 불안정성을 지닌다는 것에 무관심했다고 해요. 그저 원자가 양전하를 띤 원자핵과 음전하로 이루어진 구조로 되어 있음을 발견했다는 데 만족했지요.

이러한 원자 모형의 진실에 한 발짝 더 다가간 과학자가 바로 닐스 보어예요. 보어 모형은 원자의 주기성을 나타나는 이유를 설명하기 위한 실험에 주안점을 두었어요. 이를 위해서는 먼저 원자 내에서 전자들이 어떻게 분포하는지 밝혀 내야 했지요.

1922년 보어는 원자핵을 중심으로 일종의 전자 껍질이 있고 이 껍질에 전자가 채워지는 원자 모형을 만들어 냈어요. 그러고는 각 전자 껍질에 들어가는 전자 수는 제한이 있다고 주장했어요. 그러나 당시에는 전자 껍질에 채워지는 방식을 제대로 표현하지 못했다고 해요.

이 모형 덕분에 보어는 '원자 물리학의 지도자'라고 불리었어요. 그 후 많은 물리학자들이 다양한 방식으로 원자에 대해서 탐구하고 결과를 내놓았답니다.

닐스 보어

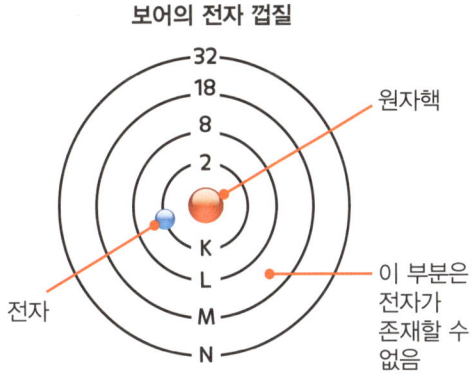

보어의 전자 껍질

원자핵을 중심으로 전자는 일정한 에너지를 가지는 원형의 궤도를 돌고 있다고 생각한 보어

점점 커지는 나노 상식

닐스 보어(1885~1962)

원자 구조의 이해와 양자 역학의 성립에 기여한 덴마크 출신의 물리학자예요. 1916년 코펜하겐 대학의 교수가 되었고, 1921년에는 닐스 보어 연구소를 만들면서 그곳의 대표가 되었어요. 그리고 1922년 원자 구조와 원자에서 나오는 복사 에너지의 발견으로 노벨 물리학상을 받게 되었지요. 리처드 파인먼에 의해 2차 세계 대전 당시 '맨해튼 계획'에 참여하여 고문 역할을 맡았다고 해요. 사실 그는 핵무기 개발을 위해서라기보다 원자의 비밀을 과학자들이 서로 공유해야 된다고 믿었어요. 원자력의 평화적 이용을 위해 개방 정책, 국가의 공동 관리 체제가 필요하다고도 주장했지요.

　점점 박사는 지구 여기저기를 돌아다니다 보니 몹시 피곤했어요. 이제껏 이렇게 시간을 자주 멈춘 적이 없었어요.

　시간 여행은 아주 많은 에너지와 집중이 필요한 일이었지만, 가여운 나노 공주를 위해서라면 잠시도 쉴 수 없었어요. 어서 지구의 과학자들을 데려가야 했으니까요.

나도 나노긴 나노인데

'한 명 정도 더 크리크리별로 데려가야겠어. 그런데 또 누구를 데려가야 하지?'

점점 박사는 시간 탐험 시계로 지구별을 이곳저곳 훑어보다가 대한민국 어느 골목에서 딱 멈췄어요. 귀가 번쩍 트이는 소리가 들렸거든요.

"야, 은나노. 또 어디 가냐?"

'은나노?'

점점 박사는 몸을 건물 옆에 바짝 붙인 뒤 은나노라는 아이를 살펴보았어요.

"뚜리숑트라숑 짜가짜가 숑숑."

한 아이가 손에 든 작은 가방을 마구 흔들면서 알 수 없는 말을 읊조리고 있었어요. 그러더니 갑자기 멈춰 서서 이렇게 외치지 뭐예요.

"두두두두, 거대 외계인아, 나와라. 두두두!"

점점 박사는 뜨끔해서 주위를 두리번거렸어요.

'나 말고 다른 외계인이 왔나? 아니면 혹시 들킨 건가?'

점점 박사가 지구를 조사하러 올 때 다른 외계인과 부딪힌 적이 몇 번 있긴 했어요. 그래도 이렇게 대놓고 외계인을 불러내는 지구인은 처음이었어요.

은나노라는 아이는 손목을 '톡' 건드리더니 다시 외쳤어요.

"강철 나노 칩, 나를 할아버지 연구실로 데려가라."

점점 박사는 자신의 귀를 의심했어요.

'저 아이 손목에 나노 칩이 내장된 건가? 아직 그렇게까지 과학이 발달되지 않았을 텐데……'

점점 박사는 은나노라는 아이를 눈여겨보았어요. 열 살쯤 나이에 아주 야무져 보였지요.

"야, 은나노, 또 할아버지한테 가는 거냐?"

은나노 또래의 아이가 물었어요.

"당연하지. 내가 할아버지 조수거든."

점점 박사는 은나노라는 아이에게 심상치 않은 기운을 느꼈어요.

'은나노라니, 이름이 심상치 않아. 뭔가 나노 과학하고도 관련이 있을 것 같군.'

점점 박사는 은나노를 따라가 보았어요.

운명이었을까요. 사실 은나노의 외할아버지 김 박사 역시 나노 과학자였어요. 세상에 잘 알려지지 않았지만, 분명 나노 과학 분야에 있어서 큰 역할을 할 사람이라는 느낌이 들었어요.

점점 박사는 왠지 모습을 나타내고 싶었어요. 바로 은나노 앞에 말이에요. 점점 박사는 은나노가 할아버지에게 가기 바로 직전 자기 모습을 드러냈답니다.

"네 이름이 정말 은나노니?"

은나노는 아무 생각 없이 고개를 들어 점점 박사를 보다가 화들짝 놀랐어요. 눈앞에 어마어마하게 키가 큰 사람이 있으니 놀랄 수밖에요.

'지구인이 이렇게 클 수 있나?'

분명 모습은 사람하고 비슷한데 뭔가 다른 분위기를 풍겼지요.

"엄마, 엄마! 할아버지, 할아버지!"

은나노는 소리를 고래고래 지르며 발에 모터라도 단 것처럼 달려갔어요.

'아니, 뭘 그리 놀란담.'

점점 박사는 성큼성큼 은나노를 따라갔어요. 점점 박사의 발걸음을 들었는지 은나노는 더 크게 할아버지를 부르며 뛰어갔어요.

"나노야, 웬 소란이냐?"

"하, 할아버지!"

은나노 목소리에 울음이 섞여 있었어요.

김 박사는 은나노 목소리를 듣고 연구실에서 얼굴을 빼꼼 내밀다가 크리크리별의 점점 박사를 보았어요. 그 순간 정지 화면이 된 것처럼 얼어 버리고 말았지요.

김 박사의 눈에 비친 점점의 모습은 평범한 사람 같지 않게 덩치가 엄청 컸어요. 얼굴도 투명하다고 느낄 정도로 희고 맑았지요. 풍기는 분위기가 보통 사람하고는 사뭇 달랐어요.

잠시 후, 김 박사가 점점 박사에게 뭐라 말하려고 할 때였어요.

점점 박사는 크리크리별에서 가져온 가루를 뿌리며 작은 소리로 크리크리를 외쳤어요. 점점 박사는 시간을 정지시키고 은나노와 김 박사를 크리크리별로 데려갔답니다.

한자리에 모인 지구 과학자들

크리크리별로 돌아온 점점은 숲속 방으로 갔어요. 이 방은 점점 박사의 자랑이었어요. 자기가 연구한 것들을 모두 모아 놓은 곳이거든요.

점점 박사가 방에 들어갔을 때 과학자들은 지구에서 시간이 멈춘 그 상태로 잠들어 있었어요.

점점 박사는 잠시 심호흡을 했어요. 이렇게 각기 다른 시공간의 지구인을 여러 명 데려온 건 처음이라 조금 긴장되었지요.

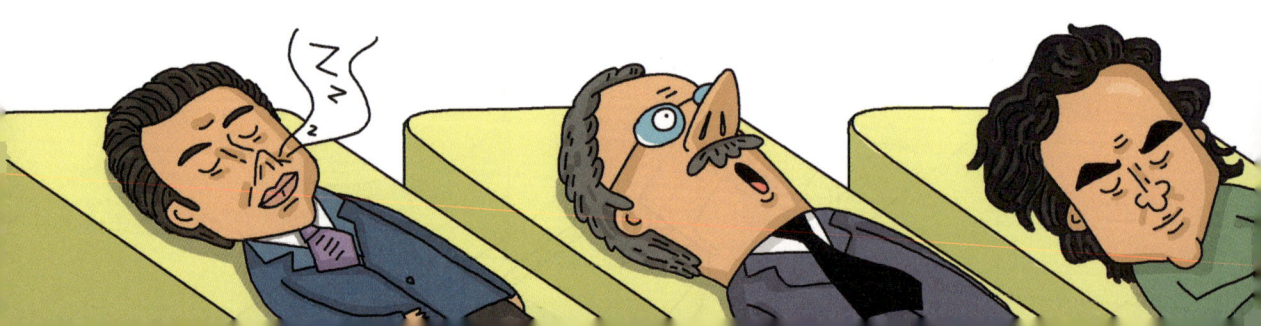

'모두 깜짝 놀라겠지?'

점점 박사는 가루를 뿌리며 크리크리를 외쳤어요.

과학자들은 천천히 잠에서 깨어난 뒤 눈을 휘둥그레 뜨며 주위를 살폈어요. 그러고는 어마어마하게 큰 점점 박사를 보고 화들짝 놀랐어요. 그 다음에는 낯선 공간에서 낯선 사람들과 있다는 것에 어리둥절해 했지요.

"자, 일단 서로 인사하시죠. 저와 우리 크리크리별 소개는 잠시 후에 하겠습니다."

점점 박사는 이렇게 말하고는 잠시 뒤로 물러났어요. 자기가 박사들을 하나하나 소개하는 것보다 지구인끼리 서로 이야기하는 게 나을 것 같았거든요.

"아니, 이게 무슨 일이죠?"

파인먼 박사가 주위를 두리번거렸어요.

"아, 아니 박사님은? 혹시 리처드 파인먼 박사?"

에릭 드렉슬러는 자기 눈을 의심했어요.

"오, 정말 놀랍군! 이렇게 유명한 과학자들과 함께 있다니, 이건 꿈

일 거야."

김 박사가 손자 은나노에게 알려 주기 시작했어요.

"저분은 리처드 파인먼 박사, 이분은 에릭 드렉슬러 박사, 그리고 이분은?"

끝에 묵묵히 앉아 있는 남자가 입을 열었어요.

"난 닐스 보어요."

과학자들은 모두 입을 벌린 채 다물지 못했어요.

그러다 먼저 냉정을 찾은 파인먼 박사가 입을 열었어요.

"여긴 어디요? 우리가 지금 어디 있는 거요? 난 아주 중요한 강의를 하던 중이었는데."

"난 세계가 깜짝 놀랄 책을 쓰고 있었다고요."

드렉슬러 박사도 말했어요.

"할아버지가 말씀하셨던 그 유명한 나노 과학자들이 여기 다 모이신 거군요."

은나노가 말했어요. 그제야 크리크리별 점점 박사가 나섰어요.

"자, 지구별 박사님들 환영합니다."

'지구별?'

은나노는 자기 귀를 의심했어요.

'왜 지구별이라고 하지? 여긴 지구가 아닌가?'

"여러분이 있는 이 별은 태양계 밖에서도 아주 한참 떨어진 크리크리별입니다. 우리 별에 매우 중요한 문제가 생겨서 시간을 멈추고 여러분을 모셔 왔습니다. 여러분이 우리 별의 중요한 문제를 해결해 준다면, 아무 일 없이 원래 있던 곳으로 돌아갈 수 있습니다."

점점은 크리크리별에서 태어난 보이지 않는 공주와 과학자들을 데려오게 된 이야기를 자세히 들려주었어요.

> 점점 커지는 **나노 상식**
>
> ### 은 나노
> 은 나노는 나노 크기의 은 알갱이를 말해요. 은은 탁월한 항균·살균 효과를 가지고 곰팡이나 냄새 제거 용도로 널리 쓰이고 있어요.
> 우리나라는 예로부터 궁에서 독을 검출하기 위해 은수저를 사용했는데, 은수저가 모든 독 성분에 반응하는 건 아니에요. 독버섯 같은 경우에는 오존이나 질산, 황산 등의 성분이 없기 때문에 은과 만나도 반응하지 않아서 음식에 독이 들었는지 전혀 확인할 수 없어요.
> 최근엔 은 나노 기술로 섬유를 만들고 항균 칫솔, 자동차 시트, 세탁기 등 다양한 항균 제품을 만든답니다.

플라스틱이나 비닐을 대신할 종이가 있다고?

셀룰로스는 섬유소라고도 하며, 흰색 고체에 냄새도 없고 물에 녹지 않아요. 녹말과 함께 탄수화물을 이루는 주성분이고, 식물체의 30~50%를 차지하지요. 목화의 경우에는 대부분 순수한 셀룰로스로 이루어져 있다고 해요.

셀룰로스를 나노 수준으로 작게 만든 것이 나노 셀룰로스예요. 분자간 결합률이 매우 높고, 복합 소재로 만들면 무게는 철의 5분의 1로 가볍지만 강도는 5배나 높아져요. 무엇보다 나무에서 얻는 친환경 소재라는 게 매력적이지요.

나노 셀룰로스를 타이어에 적용하면 가벼우면서도 쉽게 마모되지 않는 타

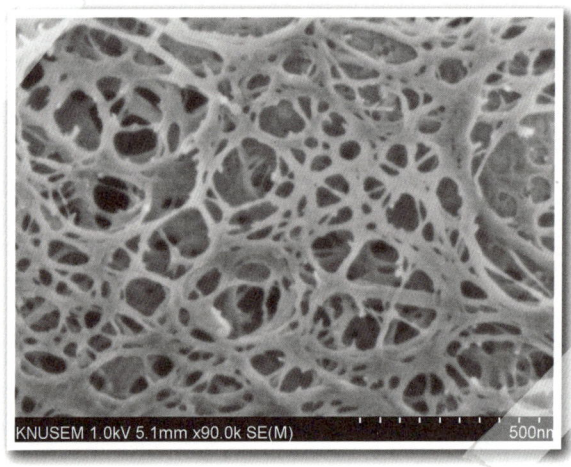

현미경으로 찍은 나노 셀룰로스 사진
(자료: 국립산림과학원)

이어를 만들 수 있어요. 화장품 원료에 넣으면 수분 함유율이 높아서 촉촉함이 오래오래 유지되게 할 수 있죠. 화면이 접히는 휴대 전화를 만들 수도 있고요. 자연에서 얻어진 원료인 나노 셀룰로스로 고기능성 종이 포장재를 만들 수도 있어요. 이렇게 되면 포장 재료인 일회용 플라스틱이나 비닐을 대체할 수 있을 거예요.

꿈의 소재, 나노 셀룰로스

나노 셀룰로스의 응용 분야는 굉장히 많아요. 결합력과 강도가 높아 센서나 건축 자재 강화 재료, 연료 전지, 의공학 소재 등에 활용할 수 있어요. 또 식물에서 유래한 당 구조(글루코오스)이기 때문에 생체에 유해하지 않아 약물 전달체나 이식 보조 물질, 피부 보습 제품 등 의료 바이오 분야에도 쓰인답니다. 특히 전 세계에서 가장 고민하는 미세 먼지 저감 대책에도 나노 셀룰로스가 중요한 역할을 할 수 있을 거라고 기대하고 있어요.

나노 셀룰로스 섬유로 만든 필터는 질산염과 인산염, 불산, 황산염 등 음이온을 띠는 오염물을 흡착하는 특징이 있거든요. 초미세 먼지(PM2.5, 2.5㎛ 이하 크기의 입자)를 구성하는 성분 중 가장 많은 것이 황산염과 질산염인데, 나노 셀룰로스 소재를 도입한다면 영유아부터 노인까지 안전하게 쓸 수 있는 친환경 미세 먼지 필터, 마스크가 나오지 않을까 기대하는 것이지요.

코로나19로 인해 전 세계가 감염증을 예방하기 위해 마스크를 생활화하고 있는데, 초미세 먼지나 코로나에 유효한 나노 기술에는 어떤 것이 있을까요?

나노 과학자를 찾아라!

여러분이 크리크리 왕국의 공주를 구하는 임무를
받았다면 다음 과학자 중 누구를 데려가고 싶나요?

아인슈타인

스티븐 호킹

리처드 필립스 파인먼

레오나르도 다빈치

뉴턴

장영실

3장
첫 번째 미션, 아기를 보호하라

뭘 해야 할까

과학자들 사이에 침묵이 흐르다가 파인먼 박사가 먼저 입을 뗐어요.

"보이지 않은 공주라니, 혹시 원자만 한 건가?"

그러자 닐스 보어 박사가 말했어요.

"아무리 여기가 외계라지만 원자만 한 아이가 가능하겠습니까?"

한편 드렉슬러 박사는 보어 박사를 만난 게 꿈만 같았어요. 보어 박사가 연구한 원자 모형을 늘 들여다보며 살다시피 했거든요. 보어 박사에게 자신이 생각하는 분자 조립 기계 이야기를 늘어놓고 싶었지요. 그래서 대화에 끼어들기로 했답니다.

"저, 보어 박사님. 보어 박사님이 노벨상을 타신 원자 모형에 대해 이야기 나누고 싶은데요. 지금은 원자보다 나노를 이야기하는 시대랍니다. 나노는 아주 미세한 세계죠."

보어 박사는 나노라는 말에 깜짝 놀라 물었어요.

"아니, 그것보다 원자와 나노 중 뭐가 더 큽니까?"

보어 박사의 질문에 드렉슬러 박사가 대답했어요.

"원자 하나가 보통 0.2㎚ 정도라고 하니, 1㎚는 원자 5개를 늘어놓을 수 있죠. 이제는 그 작은 원자나 분자 하나하나를 원하는 위치에 놓을 수 있어요. 그리고 이 나노 기술을 통해서 우린 완전히 새로운 것도 만들 수 있어요."

드렉슬러 박사 눈이 꿈꾸듯 빛났어요.

"허, 정말 신기하군. 그런데 내가 노벨상을 탄다고? 그럼 나는 노벨상을 어떤 분야로 타는 거죠? 아니, 그보다 난 언제 죽죠?"

은나노가 잘난 척하듯 어깨를 으쓱하며 말했어요.

"여기 모인 사람들 중 가장 미래에서 온 건 저예요. 그러니 제가 박사님들 미래를 가장 잘 알죠. 혹은 우리 할아버지거나요. 모르는 건 다 우리한테 물어보시라고요."

"여러분! 잠깐만요!"

그때 크리크리별의 점점 박사가 끼어들었어요.

"미래에 대해서 말하면 역사가 바뀔 수 있습니다. 주의하세요."

만약 점점이 아니었다면 은나노가 박사들에게 미래의 일을 다 말했을지도 몰라요. 사실 은나노가 다 아는 건 아니지만요.

점점 박사는 진짜 하고 싶은 말을 꺼냈어요.

"여러분에게 부탁하고 싶은 게 있어요."

"어떤 부탁이죠? 이렇게 우리 허락도 안 받고 데려와 놓고는, 사실상 협박 아닙니까?"

파인먼 박사가 각진 턱을 치켜들며 말했어요.

점점 박사는 갑자기 자신이 없어졌어요.

"그래, 그 부탁이 뭐요? 지구별 폭파만 아니면 들어주지. 난 빨리 돌아가야 해요. 내 연구를 완성하고 싶거든."

보어 박사가 재촉하듯 물었어요.

"아까 말했듯이 우리 크리크리별의 공주님이 너무너무 작습니다."

"일단 보여 주기나 하시죠."

지구별 박사들은 당장 아기를 보고 싶어 했어요.

"저도 보여 드리고 싶은데, 그게 여의치가 않습니다."

드렉슬러 박사가 유독 호기심을 보였어요. 그가 쓰는 책에 나노 로봇 이야기가 나와서 그런가 봐요.

"도대체 얼마나 작기에 그런 거죠? 내가 나노 로봇을 생각했는데, 혹시 그만큼 작은 겁니까?"

"드렉슬러 박사님, 사실 그 나노 로봇은 지금 제가 연구 중입니다."

은나노 외할아버지인 김 박사가 말했어요.

"지구별 박사님들, 다시 한 번 설명드릴게요. 우리 크리크리별의 공주님은 눈에 보이지 않을 만큼 작게 태어났습니다. 그래서 크리크리별 왕비님은 어린 나노 공주에게 알맞은 요람을 만들어 주길 바라세요. 하지만 지금 우리 별에서는 아무것도 할 수가 없답니다."

점점 박사는 한숨을 푹 쉬며 말했어요.

"당신들은 이렇게 시공간을 넘어서 우리를 데리고 올 정도로 과학기술이 뛰어나지 않소? 그런데 기껏 부탁하는 게 아기를 위한 요람이란 말이오?"

파인먼 박사가 물었어요. 은나노도 끼어들었어요.

"맞아요. 시간도 멈출 줄 아는데 작은 요람을 못 만든다는 게 이해가 안 돼요."

크리크리별의 과학기술

"음, 우린 아름다운 자연 속에서 자유롭게 살길 바랄 뿐 엄청난 과학기술을 바라지는 않는답니다."

점점 박사는 그렇게 말했지만 사실 혼자서 파고드는 과학 분야가 따로 있었어요.

"그리고 시공간을 넘나드는 여행을 하는 건 제가 특별히 연구한 분야이지, 대중화된 기술은 아니랍니다."

"자, 자, 보이지 않는 아기의 요람이나 빨리 만들어 봅시다. 우리가 힘을 합치면 못 만들 게 뭐 있겠소?"

닐스 보어 박사는 노벨상을 타는 걸 알아 버려서인지 빨리 지구로 돌아가고 싶어서 서둘렀어요.

"안 보이니 밟히기라도 하면 정말 큰일입니다. 그러니 보호막과 편한 잠자리를 만들어 주었으면 좋겠습니다."

점점 박사는 지구에서 온 과학자들을 둘러보며 조심스러운 목소리로 제안했어요.

"작고 튼튼하게라……."

"탄소 나노 튜브로 만들면 돼요!"

은나노가 외쳤어요.

박사들은 열 살 은나노를 놀란 표정으로 바라보았어요.

"이래봬도 우리 할아버지가 나노 과학자잖아요. 저도 주워들은 게 많다고요. 탄소 나노 튜브는 탄소 6개가 관으로 연결된 건데 머리카락 1만 분의 1 굵기라서 보이지도 않죠. 공주의 옷은 세균에 안전한 제 이름과 같은 은 나노 섬유로 만들면 되고요."

파인먼 박사는 탄소 나노 튜브라는 말을 조용히 따라 읊으며 싱긋 웃었어요.

"아주 재미있는 말인걸!"

"다들 탄소 나노 튜브가 뭔지 궁금하시죠? 탄소 나노 튜브는 구리보다 전기가 잘 통하고, 열전도율은 다이아몬드와 비슷해요. 강철보다 100배나 강하고요. 하지만 탄소 나노 튜브보다 더 튼튼한 게 있답니다. 바로 그래핀이죠."

김 박사가 은나노의 설명에 덧붙여 말했어요.

"이론으로만 존재했던 그래핀을 분리해 냈다고? 아, 우리가 세상을 떠난 뒤 정말 많은 것이 발전되었군. 내가 하는 연구는 아무것도 아닌가 봐."

"박사님들이 열심히 연구하고 발견해 주셔서 지금과 같은 과학이 있는 거예요!"

은나노는 닐스 보어 박사와 파인먼 박사를 응원했어요.

"우리 은나노가 제 연구실에 자주 놀러 와서 아는 게 많답니다. 그리고 그래핀보다 더 튼튼한 게 있어요. 바로 풀러렌입니다."

김 박사에게 여러 설명을 들은 지구별 박사들은 가장 튼튼한 풀러렌으로 요람을 만들었어요. 공주의 면역력을 위해 은 나노 섬유로 이불을 만들었고요. 크리크리별의 점점 박사는 말만 하면 금세 재료를 구해 왔답니다.

그래핀(graphene)

그래핀은 탄소 덩어리인 흑연을 원자 한 층 두께로 매우 얇게 벗겨 낸 소재예요. 2004년 영국의 가임과 노보셀로프 연구팀이 상온에서 투명 테이프를 이용하여 흑연에서 그래핀을 떼어 내는 데 성공한 공로로 2010년 노벨 물리학상을 받았지요. 강하면서 열과 전기를 잘 전달하고 휘어지기도 해, 각종 전자 기기 등에 널리 활용될 것으로 기대를 모으고 있어요. 그동안은 대량 생산이 어렵다는 단점이 있었어요. 그런데 2020년 한국화학연구원에서 '차세대 전기 화학 박리 공정'을 개발해 '멀티 전극 시스템'이라는 그래핀 제조 공정에 적용하고, 이를 국내 기업에 기술 이전했다고 해요.

연구팀은 금속 전극과 흑연 전극, 금속 전극을 샌드위치처럼 차례로 배치해 묶은 뒤, 이를 전해질 용액이 담긴 수조에 담가 멀티 전극 시스템을 완성했어요. 이 장치의 흑연 전극에 전기를 흘려보내면 그래핀이 아주 얇은 층으로 벗겨지는데, 이것을 장치 하단의 필터로 분리해 가루 형태로 추출하면 그래핀을 얻을 수 있답니다. 연구팀은 "고품질 그래핀을 1시간 만에 생산할 수 있다"며 "세계에서 가장 빠른 속도"라고 밝혔어요. 그래핀 1g을 생산하는 데 드는 비용도 2000원으로 저렴하고요.

(자료: 한국화학연구원)

풀러렌(fullerene)

탄소 60개가 오각형 모양으로 결속해 축구공 모양을 이룬 물질이에요. 1985년에 처음 발견되었으며, 흑연 조각에 레이저를 쏘았을 때 남은 그을음에서 발견된 완전히 새로운 물질이지요.

풀러렌은 다이아몬드만큼 강하면서도 아주 작은 물질을 새장처럼 가둘 수 있어요. 또한 다른 물질을 삽입할 수 있도록 열리기도 하고 튜브처럼 이어질 수도 있다고 해요.

풀러렌은 탄소 원자끼리 강하게 결합해 다른 물질과의 반응성이 적어요. 과학자들은 이 같은 풀러렌의 특성을 활용하여 의약 성분을 저장하거나 체내 운반체 등으로 이용하기 위한 약물 전달 시스템으로 활용할 방안을 연구하고 있다고 해요.

아주 미세한 구조를 가지고 있어 적은 양으로도 매우 예민한 반응을 하는 풀러렌의 특성을 이용하려는 연구가 추진되고 있어요. 여러 가지 금속 원자를 섞어 도체 혹은 초전도체로 이용하거나 수많은 풀러렌을 서로 연결해 새로운 섬유 또는 각종 센서로 응용할 수 있어서 이 분야의 활용도가 점차 증가하고 있어요. 고분자 촉매, 컴퓨터 기억 소자, 우주 항공, 환경 분야에서 혁신을 가져올 차세대 나노 소재로 기대되고 있답니다.

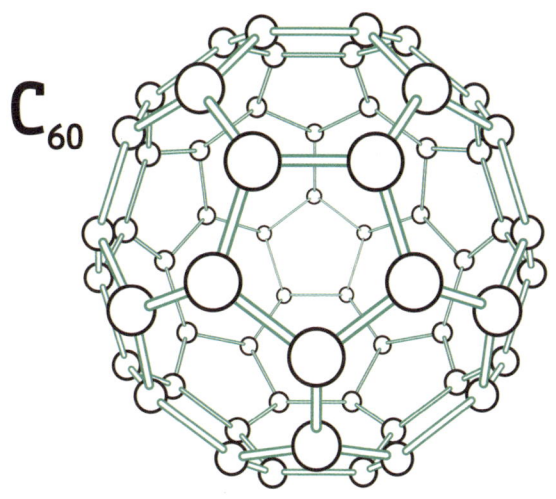

항균에 뛰어난 은 나노가 위험하다고?

은 나노는 항균 작용에 뛰어나서 세탁기, 이불, 신발의 안감, 음식 저장 용기, 공기 청정기 등 온갖 곳에 쓰이고 있어요.

나노 기술은 새로운 분야이고 그중 은은 가장 보편화되고 널리 퍼진 나노 물질이에요. 그런데 미국 환경보호청(EPA)에서는 이런 은 나노 기술의 수입을 막으려 했어요. 나쁜 균을 없애고 악취를 막아 주는데 왜 그 사용을 막으려는 걸까요? 환경 운동가들은 은 나노가 버려지고 걸러지지 않아 자연 환경에 스며들면 이로운 박테리아와 수중 생물체를 죽일 수 있다고 주장해요. 생물체에게 위험한 것은 인간에게도 해가 될 수 있다는 것이지요.

은 나노 세탁기 내부

세탁기에 사용하는 은 나노는 힘들게 얻은 은을 다시 작은 입자로 만들어서 자연으로 돌려보내는 것과 마찬가지예요. 그런데 땅속으로 보내는 것이 아니라 물에 흘려보내기 때문에 생태계에 영향을 미칠 수밖에 없지요.

나노 물질의 위험성

나노 물질은 호흡기나 피부를 통해 쉽게 인체에 유입될 수 있어요. 몸 안에 들어온 나노 입자는 혈액을 타고 체내 곳곳으로 이동하면서 뇌 또는 심혈관계 질환을 일으킬 수 있다고 해요. 나노 기술의 또 다른 부작용은 나노 물질이 중금속처럼 체내에 축적된다는 거예요. 몸 안에 들어온 나노 물질의 98%는 48시간 안에 배출되지만 나머지 2%는 몸의 각 기관에 쌓이게 된다고 해요. 이렇게 되면 독성이 있는 물질이 달라붙기도 하고 나노 물질 자체에서 독성이 나올 수 있어서 인체에 치명적이에요.

이에 따라 미국은 은 나노 기술을 활용한 생활용품을 규제하기 시작했으며, 유럽은 2010년 4월 유럽 의회가 스웨덴 녹색당 출신 슈리터 의원의 나노 기술 제품에 대해 강화된 규제가 필요하다는 내용의 보고서를 채택하면서 관련 법령을 만들고 있어요. 국내에서는 지식경제부가 나노 제품의 안전성 지침을 마련해 놓고 있답니다.

혹시라도 생태계에 나쁜 영향력을 미치더라도 살균, 항균 효과가 월등하다면 부작용을 감수할 수 있을 거예요. 하지만 굳이 은 나노를 활용하지 않더라도 충분히 세탁물을 깨끗하게 빨 수 있어요. 그런데도 굳이 은 나노 기술을 활용해야 할까요?

탄소 나노 튜브, 넌 누구냐!

탄소 나노 튜브는 꿈의 신소재라 불릴 만큼 놀라운 재료예요.
이 탄소 나노 튜브에 대해서 잘못 설명한 것을 찾아보세요.

1. 탄소 나노 튜브 기술을 이용하니, 무겁던 자전거가 한 손으로 들어도 될 만큼 가볍고 튼튼해졌다.

2. 제 2의 석면이라고 불릴 만큼 발암 물질의 위험을 갖고 있다.

3. 강도가 높은 탄소 나노 튜브로 자동차를 만들면 교통사고가 나도 다칠 위험이 적다.

4. 아이들 유모차나 장난감을 탄소 나노 튜브로 만드는 것이 좋다.

5. 가볍고 튼튼하니 잠수함이나 해저 터널을 만드는 데 사용하면 좋을 것 같다.

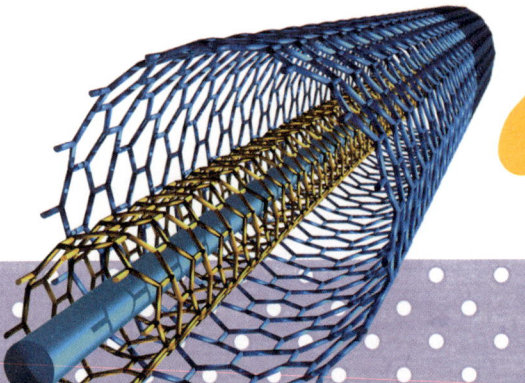

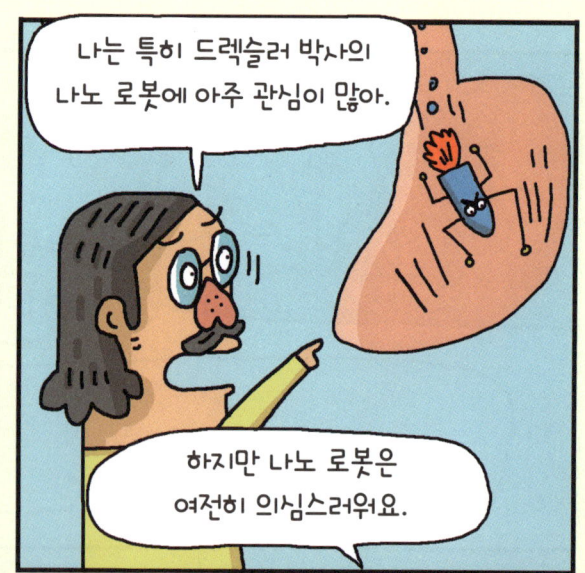

박사들의 새로운 아이디어

"공주가 건강하려면 공주 주변이 깨끗해야 해요. 은 나노 이불로 만족할 순 없죠."

파인먼 박사가 말했어요.

"여긴 모두 키가 크고 거인 같아서 가구도 크고 엄청 높네요."

은나노가 걱정스런 얼굴로 말했어요.

"공주가 엄마를 보고 싶어 할 때는 어떡하죠? 요람에서 떨어지지 않고 엄마한테 잘 기어갈 수 있을까요?"

김 박사가 해결책을 내놓았어요.

"떨어질까 봐 하는 걱정이라면 간단한 방법이 있지. 도마뱀붙이 발바닥 돌기를 참고해 나노 장갑을 만들어 주면 돼요. 도마뱀붙이 발바닥은 수백만 개의 미세한 털로 되어 있어요."

"아니, 도마뱀 발바닥에 털이 있다고요? 세상에!"

보어 박사가 놀라서 되물었어요. 물리학에 대해서는 천재라고 불리우지만, 생물에 대해서는 잘 몰랐나 봐요.

"네, 보이지 않은 미세한 털이 있답니다. 이걸 응용한 장갑이나 양말을 착용하면 벽이나 가구에 척척 달라붙으며 올라갈 수 있어요. 도마뱀붙이 발바닥 테이프는 끈적이지도 않고 몇 번이고 떼었다 붙였다를 할 수 있죠."

그때 은나노가 끼어들었어요.

"공주가 장갑을 안 끼면 아무 소용이 없잖아요. 차라리 도마뱀붙이 발바닥 테이프를 벽지처럼 바르면 안전하게 어디든 잘 올라가고 다치지도 않을 것 같아요."

"은나노, 아주 좋은 생각 같구나. 그런 생각을 어린 네가 하다니, 대단한걸."

드렉슬러 박사의 칭찬에 은나노는 으쓱했어요. 드렉슬러 박사는 여기에 자신의 생각을 덧붙였어요.

"공주가 사는 곳 자체를 세균에 강하게 만들면 어때요? 잘 보이지도 않는 공주가 병에 걸리면 안 되니까요."

박사들은 모두 골똘히 생각에 잠겼어요.

이때 보어 박사가 좀 짜증이 난 듯한 목소리로 말했어요.

"난 빨리 지구에 돌아가고 싶소. 보이지도 않은 공주에게 작고 튼튼한 요람을 만들어 주었으니 그 정도면 우리가 할 일은 다 한 것 같은데. 이렇게 공주를 위해 뭐든지 해 주려 한다면 한도 끝도 없을 거요. 우린 영영 돌아갈 수 없을지도 모른단 말이오! 난 어서 돌아가 내 연구를 계속하고 싶은 마음뿐이오."

김 박사가 보어 박사 등을 어루만지며 말했어요.

"당연히 나도 지구로 돌아가고 싶답니다, 보어 박사님. 하지만 이대로 돌아간다면 어떻게 될까요? 툭하면 이 별의 점점 박사가 다시 우리를 여기로 데려오지 않을까요?"

 김 박사의 말에 은나노는 등에서 식은땀이 났어요. 지구 밖에 있는 별에 오게 된 건 신기하고 좋지만 내내 여기 살고 싶지는 않았거든요. 이제는 하루빨리 집에 가고픈 마음뿐이었어요. 맨날 장난치고 놀던 친구들도 그리웠어요.

 김 박사는 담담하게 말했어요.

 "공주가 건강하게 잘 자랄 수 있도록 최선을 다해 준다면, 크리크리별 사람들도 우리한테 분명 고마워할 겁니다."

 파인먼 박사가 차가운 목소리로 말했어요.

 "우리가 아무리 최선을 다한들, 성공한다는 보장이 없잖소?"

 그때 드렉슬러 박사가 뭔가 생각난 것처럼 말을 꺼냈어요.

 "그러고 보니 김 박사님, 아까 어떤 크리크리인이랑 이야기를 나누는 것 같던데 무슨 일이 생긴 건가요?"

 김 박사는 잠깐 당황한 눈치였어요. 요 며칠 크리크리별의 나아가 박사가 자꾸만 찾아와서 이야기 좀 하자더니, 이상한 말을 했어요. 더 이상 공주를 위해서 어떤 것도 만들지 말라는 거였어요. 크리크리별은 지금보다 더 나은 과학기술이 필요 없다면서 말이에요. 하지만 이 이야기를 하면, 더 큰 분란이 생길 것 같아 김 박사는 아무런 내색도 하지 않고 있었던 것이었죠.

"그, 그게 왕과 왕비의 특사로 온 크리크리인인데, 공주를 위한 일에 좀 더 속도를 내 줄 수 없겠냐고 독촉을 하더라고요. 괜히 여러분한테 부담이 될까 봐 아무 말도 하지 않고 있었습니다."

과학자들은 잠시 조용히 각자 생각에 잠겼어요. 어쩌다 이렇게 끌려와서 공주를 위해 최선을 다하고 있는데 독촉을 당한다고 생각하니, 기분이 좋을 리가 없지요. 언제 지구로 돌아갈지 알 수 없으니 손놓고 있을 수도 없고 말이에요.

"우리가 이 별에서 공주를 위해 최선을 다하면 분명 우리도 얻을 게 있을 거라고 생각해요. 반드시요."

드렉슬러 박사가 확신에 찬 듯 말했어요. 기다렸다는 듯 김 박사가 덧붙였어요.

"그래요. 나도 드렉슬러 박사님과 같은 생각입니다. 일단 최대한 공주가 아프지 않을 환경을 만들어 줍시다. 공주 주변을 깨끗하게 하는 방법으로 연잎 기술을 이용하면 어떨까요? 연잎 세정 기술을 사용해서 벽지와 창문을 만드는 겁니다."

과학자들은 연못의 연잎을 떠올렸어요. 연잎은 진흙탕이나 구정물 위에 떠 있어도 언제나 깨끗한 모습 그대로였다는 것을 과학자들 모두 기억해 냈어요. 게다가 연잎은 비가 와도 물에 젖지 않고 물방울이 또르르 구르지요.

과학자들은 먼저 모든 창문에 연잎 효과를 주기로 했어요. 연잎에는 눈에 안 보이지만 매우 미세한 돌기가 있어요. 유리에 나노 돌기를 올리고 코팅을 했지요. 실험 삼아 유리에 물을 뿌리자, 유리창이 연잎처럼 물방울을 튕겨 냈어요.

유리에 대한 연구가 끝나 갈쯤 갑자기 드렉슬러 박사가 새로운 제안을 했어요.

"잠깐, 여기에 곤충 눈 원리를 이용하면 좋을 것 같아요."

은나노는 평소 할아버지한테 이야기도 많이 듣고, 어린이 과학 잡지를 자주 봐 왔기 때문에 드렉슬러 박사 이야기를 단번에 알아들었어요.

"곤충 눈은 반사를 하지 않으니 더 또렷하게 잘 보이죠? 곤충의 눈도 전자 현미경으로 보면 엄청나게 많은 미세 돌기가 있다고 해요."

은나노가 자신 있게 말하자 파인먼 박사와 보어 박사는 놀라서 눈이 동그래졌어요. 은나노는 어깨가 으쓱해졌지요.

과학자들은 점점 박사에게 크리크리별에도 곤충이 있는지 물었어요. 과학자들은 크리크리인들이 잡아다 준 곤충들 눈을 전자 현미경으로 관찰하며 유리창 등에 연잎 효과와 곤충 눈 효과를 어떻게 넣을지 연구했어요.

과학자들이 생각하고 일을 순서대로 계획해 주면 점점 박사가 불러 온 크리크리인들이 그대로 만들어 냈어요. 크리크리인들은 덩치가 큰 만큼 일도 빨리빨리 잘해서 모든 게 착착 진행되었답니다.

그렇게 공주의 방 유리창이 전부 바뀌었어요. 하지만 점점 박사는 변화를 잘 알아채지 못했어요. 점점은 고개를 갸웃하며 물었어요.

"이 유리창이 예전 유리창과 어떻게 다르다는 거죠?"

"하하, 두고 보면 알겠죠?"

김 박사가 웃으며 말했어요.

며칠 뒤 비가 내렸어요. 신기하게도 빗방울들은 창문에 맺히지 않고 또르르 굴렀어요. 게다가 이 유리창들은 빛도 반사하지 않으니 더 좋았지요. 과학자들과 점점 박사는 저도 모르게 박수를 쳤어요.

연잎 효과를 준 창문과 도마뱀붙이 장갑과 벽지까지 만들고 나니 과학자들은 이제야 조금 안심이 되었어요.

더 이상의 과학은 안 돼

"이제 더는 할 게 없지 않을까?"

보어 박사가 조심스레 말을 꺼냈어요.

"저는 이참에 해 보고 싶은 게 있습니다."

드렉슬러 박사가 또 나섰어요.

"나노 공주에게 맞춤형 나노 로봇을 만들어 주는 게 어떨까 싶어요. 원래 몸속에 투입하거나 장착해야 하지만 공주는 나노 로봇과 거의 같은 크기이니 일단 나노 로봇이 따라다니게 하는 겁니다. 그러면서 엑스레이 찍듯 투시하면 병이 생기거나 이상이 있을 때 로봇이 신호를 보내 올 거예요."

과학자들은 뭔가에 꽂히면 그걸 해내고 마는 근성이 있어요. 드렉슬러 박사의 말에 모두 호기심이 불처럼 일었어요.

지구로 빨리 돌아가고 싶어 한 보어 박사도 나노 로봇이라는 말에 궁금증이 확 생겼답니다.

"그, 그게 가능하단 말인가요? 분자나 원자 크기로 로봇을 만드는 건가요?"

보어 박사의 질문에 파인먼 박사가 무릎을 탁 치며 일어났어요.

"역시 내가 예상한 대로군. 내가 '아주 작은 세상이 오히려 아주 풍부

하다'고 했잖아."

"이 나노 로봇은 제 아이디어예요."

드렉슬러 박사가 모두를 둘러보며 말했죠.

"아니, 그건 내 아이디어지. 드렉슬러, 자네가 미래를 살고 있다면 그게 나로부터 출발했다는 걸 잘 알 텐데."

파인먼 박사가 드렉슬러 박사 어깨를 툭 치며 말했어요. 드렉슬러 박사도 어느 정도는 인정할 수밖에 없어 고개를 끄덕였지요.

과학자들은 모두 머리를 맞대고 나노 로봇을 만들기로 했어요. 그들이 만들 나노 로봇은 필요하다고 판단이 되면 스스로 복제가 가능하고, 복제가 된 로봇 역시 그런 기능이 있었지요. 나노 전문가들이 모이니 아이디어가 척척 솟아났어요.

과학자들은 점점 박사에게 계획을 말했어요.

"오, 그렇게 되면 언제든 공주의 상태를 알 수 있겠네요."

그때였어요.

"그건 안 돼. 나노 로봇이라니! 보이지도 않는 로봇을 만들고 스스로 자기 복제가 되게 한다고? 여태까지는 모른 척했지만 이젠 안 돼. 더 이상은 안 된다고!"

얼마 전 김 박사가 만났던 나아가 박사였어요. 점점 박사는 지구별 박사들과 나아가 박사 사이를 가로

막았어요.

"아니, 스승님은 여기에 오시면 안 돼요."

"스승님?"

파인먼 박사가 호기심을 보였어요.

"나아가 박사님은 제 스승님인데 이 계획에 반대를 하셨어요."

"점점, 자네 계획은 위험하다고 내가 누누이 말했을 텐데. 더 늦기 전에 멈춰야 해. 자기 복제 가능한 나노 로봇을 만들면 그땐 돌이킬 수가 없어."

드렉슬러 박사가 상기된 얼굴로 물었어요.

"아니, 뭐가요? 로봇에 독이 있는 것도 아니고 그저 몸을 관찰할 수 있는 로봇을 만들 겁니다. 도대체 그게 무슨 큰일이란 거죠?"

크리크리별의 나아가 박사는 노기 띤 얼굴로 드렉슬러 박사와 김 박사를 노려보았어요.

"김 박사, 이전에 내가 한 말을 전혀 전하지 않았군. 내가 분명히 알려 주었는데 말이야. 나노 과학의 위험성을, 원래 우리 별이 어떤 별이 었는지, 우리가 누구인지를!"

4장 공주를 구한 과학자들

점점 박사는 다급하게 나아가 박사의 말을 가로막았어요.

"아, 저, 박사님, 나가서 저와 이야기하시죠."

점점 박사는 다른 크리크리인들을 불러 나아가 박사를 억지로 끌어냈어요.

"이건 반드시 막고야 말겠어. 반드시!"

나아가 박사는 끌려 나가면서 고래고래 소리를 질렀어요.

드렉슬러 박사는 화가 나서 씩씩댔어요.

"아니, 우리한테 고마워해야 하는 거 아니에요? 우리가 왜 여기서 이러고 있는데, 나 참."

"잘 모르고 하는 말에 뭘 그리 신경을 쓰는 거요, 드렉슬러 박사."

보어 박사가 드렉슬러 박사를 토닥였어요.

하지만 파인먼 박사는 달랐어요.

"김 박사, 김 박사는 저 사람에게 뭘 들은 거요? 왜 우리에게 말하지 않았지?"

김 박사와 은나노는 당황해서 얼굴이 붉어졌어요.

"할아버지, 우리가 들은 이야기를 과학자 분들에게 해 주세요. 모두 알아야죠."

김 박사는 잠시 주저했어요.

"음, 제가 들은 이야기는……."

김 박사는 잠시 심호흡을 했어요.

"저 크리크리인들이 지구인의 미래라고 하더군요."

김 박사는 과학자들에게 차근차근 이야기를 들려주었어요. 사실 크리크리인들은 지구의 먼 미래 모습이었어요. 지나친 과학기술의 개발로 인해 지구 환경이 파괴되고, 모든 생활이 기계화되어 오히려 인간이 소외되는 현상이 생기자, 최소한의 과학기술만 가지고 우주 저편의 별로 떠나 버린 것이었어요.

지구에서 온 과학자들은 잠시 머리가 띵한 느낌이었어요.

"우리의 미래라니. 뭔가 이상한 느낌인걸."

파인먼 박사가 중얼거렸어요.

"그런데도 다시 지구를 맴돌다니. 허 참."

드렉슬러 박사가 내뱉듯 말했어요.

"만약 그게 사실이라면 이만 멈추는 게 어떻겠소?"

보어 박사가 조심스레 말했어요.

"멈추면? 멈춘다고 멈춰질 것 같나요? 과학이 앞으로 나아가며 발전하는 것은 당연한 이치라고요."

파인먼 박사는 계획대로 나노 로봇을 만들겠다고 했어요.

"위험하다는 걸 모르고 나아가는 것보다는 위험할지도 모르니 대비책도 함께 연구하면 된다는 게 내 생각이오."

드렉슬러 박사는 파인먼 박사의 의견에 동의한다는 뜻으로 손을 맞잡았어요.

"그래요. 우리가 만든 나노 로봇만큼은 반드시 위험해지지 않도록 잘 감시합시다."

김 박사는 은나노의 어깨를 쓰다듬으며 말했어요.

"맞아요. 이대로 멈추면 우린 마음 편히 돌아가지 못할 것 같아요."

드렉슬러 박사와 김 박사가 중심이 되어 나노 로봇을 만들기 시작했어요. 나노 로봇은 스스로 복제 기능은 있더라도 위험 상황이 발생하면 일단 멈추게 설정했어요. 그리고 그 모든 게 빠짐없이 기록되도록 했지요. 드렉슬러 박사는 크리크리인 스스로 기록을 보고 상황을 판단할 수 있도록 했답니다.

완성된 나노 로봇은 나노 공주 주위에서 쉴 틈 없이 맴돌면서 공주의 상태를 빠짐없이 기록했어요. 지구 과학자들도 크리크리인들도 그제야 안심했어요.

"나노 로봇은 나노 공주뿐만 아니라 크리크리인들 몸에 들어가서 병을 치료할 수 있어요."

드렉슬러 박사는 자신이 꿈꾸던 나노 로봇을 설명하며 너무나 뿌듯해 했어요.

김 박사는 나아가 박사의 말을 염두에 두고 나노 로봇이 조금이라도 안 좋은 영향을 끼칠 듯하면 서로 관찰하며 제거할 수 있도록 안전장치를 마련했답니다.

나노 로봇의 반란

김 박사는 나노 로봇이 보내는 공주의 몸 상태 기록을 꾸준히 관찰했어요.

은나노도 그런 할아버지 옆에서 함께 지켜보았지요.

"할아버지, 그냥 로봇이 잘하겠지 하고 믿으면 안 되나요?"

"물론 실수할 리 없겠지만 혹시나 해서 보는 거야."

그런데 다음 날 나노 로봇이 보내오는 기록이 조금 이상했어요.

"무슨 일이지?"

드렉슬러 박사는 긴장해서 기록을 살펴보았어요.

"오, 세상에!"

보어 박사와 파인먼 박사는 금세 알아차렸어요.

"나노 로봇이 공주를 공격했어."

"뭐라고요? 아니, 왜요?"

은나노도 놀라서 소리쳤어요.

"공주가 워낙 크기가 작다 보니 나노 로봇 중 하나가 착각한 듯해. 이상한 로봇이려니 하고 제거하려 한 것 같아."

은나노는 무서워서 소름이 쫙 끼쳤어요. 공주가 잘못되기라도 한다면 지구별에서 온 과학자들을 크리크리인들이 그냥 둘 리가 없어요.

"어, 어떻게 해요?"

"내, 내가 더 신경 써서 지켜볼걸."

김 박사가 덜덜 떨며 자책하자, 보어 박사가 김 박사의 어깨를 토닥이며 말했어요.

"박사님 탓이 아니에요. 지켜본다고 공격을 막을 수는 없었을 거예요. 이건 자동 시스템이니까요."

"오, 잠깐만! 여기 좀 봐. 공주가 나노 로봇을 공격하는걸."

전자 현미경으로 공주를 관찰하던 파인먼 박사가 밝은 목소리로 말했어요. 모두 조마조마한 마음이었지요.

"확실히 크리크리별의 공주라 그런지 다르군. 하지만 공주 혼자 힘으로는 역부족이지."

파인먼 박사는 간신히 모든 나노 로봇의 행동을 멈추게 했어요. 일정 신호를 받아 움직이도록 한 게 다행이었지요. 공주는 큰 공격을 받지는 않았지만 몹시 불안해 해서 안정이 필요했어요.

과학자들 모두 나노 로봇의 위험성을 걱정하긴 했지만 이렇게 공주를 공격할 거라고는 생각하지 못했어요.

"나노 증후군 같은 병이 생기는 게 아닐까?"

"나노 증후군?"

"연구에 따르면 몸속에 들어온 나노 물질은 중금속처럼 축적된대요. 특히 풀러렌 같은 경우에는 빛을 쐬면 독성을 갖고 있는 활성 산소를 만든다는 연구가 있어요."

김 박사가 최신 연구 자료에 대해 들려주었어요.

"우리가 만든 것들 중에 나노 물질이 공주 몸속으로 들어갔을 수도 있겠군요. 우선 나노 로봇이 공주를 유해 물질로 인식하지 않도록 정보를 더 입력합시다."

드렉슬러 박사가 말했어요.

다시 수정한 나노 로봇은 더 정확하고 정밀해졌어요. 단점은 더 작아져서 공주처럼 안 보인다는 것이었죠.

"파인먼 박사님, 이 나노 로봇 기술이 좀 더 일찍 발달되었다면 박사님은 더 오래 사셨을 거예요. 암을 이 나노 로봇으로……."

농담처럼 말하던 드렉슬러 박사가 갑자기 입을 다물었어요. 파인먼 박사 얼굴이 굳어지는 것을 보았기 때문이에요.

"하하, 왜 과거로 돌아가서 암을 나노 로봇으로 고치고 나를 살려 내고 싶은가? 사람은 누구나 죽지. 아인슈타인 박사도 그렇고, 여기 계신 보어 박사님도 그렇고. 미래에서 왔다고 나를 고칠 수 있다고 하는 말에 내가 흔들릴 것 같나?"

드렉슬러 박사는 더는 말하지 못했어요.

"나도 사람이야. 미래에 사는 사람이 내 미래를 아는데 왜 궁금하지 않겠어?"

"하하, 파인먼 박사, 그냥 웃어넘기지요. 나는 내가 노벨상을 탄다고 하니, 어서 돌아가 내 연구를 더 잘하고 싶은 마음이 든답니다."

보어 박사의 말에 다들 조금씩 긴장이 풀렸답니다.

점점 커지는 **나노 상식**

분자 기계

이 세상에 존재하는 대부분의 물질은 최소 원자 2개가 결합된 분자들로 이루어져 있어요. '분자 기계'란 이처럼 여러 분자를 조립해 만든 기계 같은 물질이에요. 각 분자를 이루는 원자들이 서로 전자를 공유하는 화학 결합을 통해 전혀 다른 물질이 되는 건, 특별한 일이랍니다. 왜냐하면 이전에 갖고 있던 개별적인 특징이 사라지고 새로운 성질을 갖게 되니까요. 그런데 분자 기계는 분자들이 독립된 상태로 그 성질이 변하지 않으면서 연결된 물질이에요. 1983년 소바주 교수가 처음 만들어 낸 분자 기계는 분자를 고리 모양으로 만든 뒤 사슬 형태로 연결한 것이에요. 그가 만든 이 물질의 이름은 캐터네인(catenane)이랍니다.

스토더트 교수는 이런 원리를 이용해 로택산(rotaxane)이라는 분자 기계를 만들어 냈어요. 막대 모양의 분자에 고리 모양의 분자를 꿰어 넣은 형태로 조립한 물질이지요. 스토더트 교수는 이 고리 분자의 움직임을 미세하게 조종할 수 있게 하여, 로택산 3개로 0.7nm 떨어진 높이까지 다른 물질을 들어올릴 수 있는 '분자 리프트'를 만들었답니다. 2011년 페링하 교수 연구진은 나노 크기의 물질에 분자 모터 4개를 바퀴처럼 붙인 '나노 자동차'를 만들어 내기도 했어요. 이 나노 자동차의 크기가 사람 머리카락 굵기보다 수천 배 작다고 하니, 이들은 이러한 연구로 2016년 노벨 화학상의 주인공이 되었답니다.

베르나르트 페링하

프레이저 스토더트

장피에르 소바주

일상생활에서 나노 독성을 피할 수 있을까?

나노는 자연 나노와 제조 나노로 나뉘는데, 돌가루, 물보라, 연소 등으로 만들어지는 건 자연 나노예요. 초미세 먼지, 촛불 연기 등이 일상 속에서 만들어지는 자연 나노인 셈이죠. 특히 초미세 먼지는 세계 보건 기구에서 1급 발암 물질로 지정한 만큼 마스크 착용으로 반드시 차단해야 해요.

이 외에 인공적으로 만들어진 물질에 의한 것을 제조 나노라고 하는데, 공기 중 나노 물질을 흡입하게 되는 경우는 정말 위험해요. 2009년 중국 페인트 공장에서는 플라스틱 판을 만들 때 나노 스프레이를 사용했는데, 이때 사람들은 자기도 모르게 나노 물질을 흡입하여 폐가 딱딱해지는 폐 섬유증으로 쓰러지고 말았지요. 또 나노 물질은 핵막과 세포에 정전기처럼 달라붙기 때문에 피부는 물론 뇌세포를 파괴하기까지 한다고 해요.

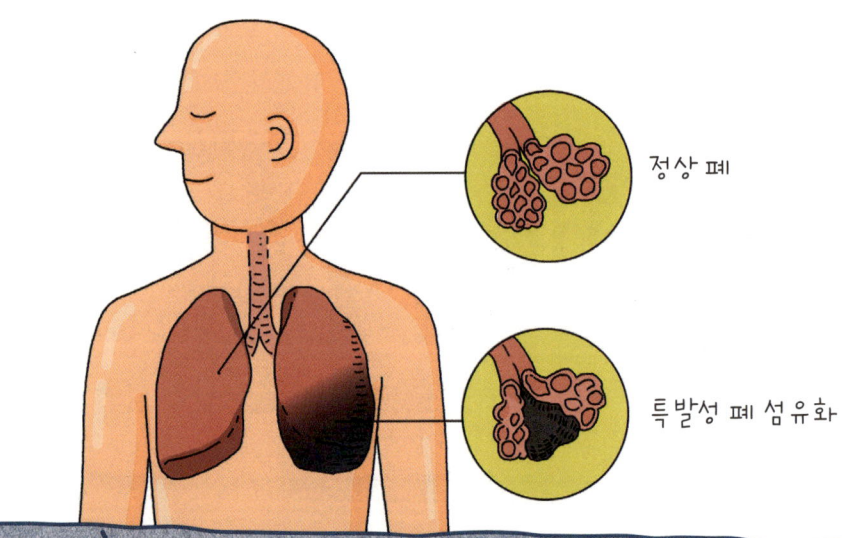

그리고 우리가 제일 헷갈리기 쉬운 게 은 나노예요. 은은 분명 무독성 항균 살균 작용을 하지만 은 나노는 화합물을 제조해 만들어 낸 물질이에요. 은과 은 나노는 같은 게 아니에요. 그러니까 항균 제품에 은 자체가 함유되어 있는 것인지, 은 나노가 들어 있는 것인지 확인해야 하고, 또 그 효과나 유해성에 대해서 좀 더 세심한 연구가 필요해요.

우리가 매일 빠지지 않고 바르는 것 중 하나인 자외선 차단 크림. 여기에도 나노 기술이 사용되었는데요, 시중에는 들뜨지 않고 흡수율을 좋게 만든 제품이 많이 나와 있어요. 정전기처럼 피부에 짝 달라붙는 셈이니, 안 좋은 화학 물질이 피부를 통해 흡수될지도 몰라요. 그러므로 자외선 차단 크림보다는 모자와 양산을 쓰는 것을 추천해요.

그럼 일상생활에서 나노 독성으로부터 우리 몸을 지키려면 어떡해야 할까요? 아예 쓰지 말자는 게 아니에요. 사실상 그렇게 하는 건 불가능하고, 가급적이면 노출 농도를 줄이려는 노력이 필요해요. 그리고 주의 사항, 제품 설명서는 잘 챙겨서 읽어 보도록 해요. 의미 없고, 쓸데없는 설명서는 절대 없답니다.

이 외에도 나노 독성을 가진 제품은 어떤 것이 있는지 알아보고, 독성을 피하기 위해 어떻게 해야 할지 얘기해 봐요.

꿈의 나노 자동차

최첨단 꿈의 자동차를 만들어 보려고 해요. 과학자들이 나노 공주를 위해 사용한 기술을 이용하여 꿈의 자동차를 만들어 볼 거예요. 어떤 기술을 응용할지 선 잇기를 해 보세요.

- 차는 가볍지만 충격에 강해서 쉽게 부서지거나 사고가 나도 쉽게 손상되지 않는다.
- 빛의 반사 때문에 화면이 잘 보이지 않는 걸 예방한다.
- 안전벨트를 굳이 매지 않아도 편하게 딱 붙는다.
- 언제나 깨끗하게 유지되어서 세차를 거의 안 해도 된다.

차체

곤충 눈

차 앞 유리창

탄소 나노 튜브

안전벨트

연잎

세차

도마뱀붙이 발바닥

정답
차체-탄소 나노 튜브
차 앞 유리창-곤충 눈(겹눈 때문에 사광 방지)
안전벨트-도마뱀붙이 발바닥(미세한 털로 딱 붙어 있는 원리)
세차-연잎(물방울이 흘러내림)

🪐 크리크리별에서 벗어나고 싶어

"이제 없을 것 같은데?"

"뭐가요?"

"우리가 여기서 할 일 말이야."

보어 박사는 이젠 정말 지구로 돌아가고 싶었어요.

"저도 엄마가 너무 보고 싶어요."

은나노는 갑자기 눈물이 찔끔찔끔 났어요. 너무 오랫동안 엄마를 못 보았거든요.

김 박사는 은나노를 꼭 안아 주었어요.

"나노야, 걱정 마라. 곧 엄마를 만날 수 있을 거다."

김 박사는 나노를 안고 생각했어요. 돌아가고 싶기도 하고, 돌아가고 싶지 않기도 했어요.

"난 말이야, 여기 남고 싶어. 남으면 안 될까?"

파인먼 박사가 말했어요.

"여기선 내가 연구하고 싶은 것들이 보여. 어떻게 시간을 아우르는 거지? 지구의 시간과 공간을 자유자재로 조절하는 것도 궁금하고. 돌아가 봤자 죽기밖에 더 하겠어?"

파인먼 박사는 70세에 암이란 병으로 세상을 떠나게 돼요. 그렇다면 차라리 여기 머무르는 게 낫다고 생각한 거죠.

김 박사는 파인먼 박사가 지구에서 어떤 일을 어떻게 하다 생을 마감하는지, 더 이상 말하지 않았어요. 파인먼 박사 역시 묻지 않았지요.

잠시 뒤 지구별 과학자들이 모인 곳에 점점 박사가 찾아왔어요. 그 뒤에는 크리크리별 왕과 왕비가 있었어요.

왕비가 말했어요.

"우리 공주를 위해 낯선 곳에 와 애써 주셔서 감사드립니다. 이제 한 분 한 분 무사히 원래 살던 지구별로 보내 드릴 거예요."

왕비는 고맙다는 인사와 함께 아쉬운 목소리로 덧붙였어요.

"아, 그런데 언제쯤 공주를 만지거나 눈으로 볼 수 있을까요?"

지구별 과학자들은 잠시 멍해졌어요. 마치 새로운 미션 같았지요.

5장 나노를 느끼게 하라

드렉슬러 박사가 말했어요.

"크리크리인은 성장을 멈추지 않는다면서요. 언젠가 공주도 모습이 보이게 자랄 거예요."

"그, 그날이 언제일까요?"

지구별 과학자들은 아무 말도 할 수 없었어요. 그걸 계산할 생각은 못 했거든요.

"우리 공주가 제 손이라도 잡았으면, 나를 쳐다보고 있다는 걸 느끼기라도 했으면 좋겠어요."

왕이 왕비 말에 덧붙였어요.

"나도 공주가 무지 보고 싶군. 게다가 이렇게 아이가 안 보이면 다른 크리크리인이 왕의 자리를 노릴 게 분명해. 공주를 볼 수 있게 해 준다면 바로 지구로 보내 드리겠소."

지구별 과학자들은 갑자기 가슴이 답답했어요. 파인먼 박사 빼고는 지구로 돌아갈 수 없을 것 같아 몹시 우울해졌지요.

사실 파인먼 박사도 마냥 기쁘지는 않았어요. 이러다간 크리크리별에 남더라도 공주를 위한 연구만 할 게 뻔했거든요.

"난 꼭 지구로 돌아가서 내가 연구하던 분자 기계, 나노 로봇을 현실화시키고 싶어요."

"전 엄마가 너무 보고 싶어요."

은나노 눈에 눈물이 금세 고여 차올랐어요.

보어 박사가 점점 박사를 향해 화를 버럭 냈어요.

"대체 저 어린아이를 왜 데려온 겁니까? 아무리 자기 별 문제가 급해도 그렇지."

엄마가 보고 싶어요.

점점 박사는 뜨끔했어요.

그때 드렉슬러 박사가 끼어들었어요.

"자, 우리 다시 머리를 맞대 봅시다. 공주를 보이게 할 방법이 없을까요?"

"커다란 로봇을 만들어서 공주를 태우고 조종하게 하면 어떨까?"

파인먼 박사가 농담하듯 말했어요.

"보이지도 않는 공주에게 조종을 어떻게 가르치지요? 심지어 공주는 너무나 어리다고요."

"아니, 나도 답답해서 그냥 해 본 말이오."

파인먼은 씁쓸하게 웃으며 머리를 긁적였어요.

"제게 좋은 생각이 있어요."

지구별 과학자들은 눈을 동그랗게 뜨고 은나노를 보았지요.

"할아버지와 과학 전시회에 갔을 때 3D 홀로그램을 보았어요. 공주를 홀로그램으로 만든 뒤 크기를 확대하는 거예요."

지구별 과학자들은 갑자기 망치로 머리를 맞은 듯했어요.

"정말 좋은 생각인데!"

드렉슬러 박사는 은나노를 칭찬했어요.

"홀로그램을 사용하는 건 좋은데 그전에 할 게 있습니다."

김 박사가 나섰어요.

지구에서는 엄마들이 아기를 거의 24시간 살피고 그때그때 맞게 돌봐주지요. 김 박사는 크리크리별 왕비님도 공주의 하루하루 모습을 기록하고 모아 두고 관찰하듯 볼 수 있어야 한다고 생각했어요. 그 엄청난 양의 기록을 간단하게 보관하고 언제든 불러올 수 있게 하려면 나노 단위로 기록을 보관해야 할 것 같았어요.

"손에 찰 수 있는 팔찌를 왕비님께 만들어 드리면 어떨까요. 스마트 워치 같은 팔찌로 언제든 공주 모습을 홀로그램으로 불러올 수 있다면 좋을 듯합니다."

김 박사는 지구별에서 휘어지는 모니터나 휴대 전화 화면을 연구 중이었던 것을 떠올렸어요.

"스마트 워치가 뭐지?"

보어 박사와 파인먼 박사는 또 무슨 이야기인가 싶었어요.

"미래에는 정말 영화 속에서나 나오는 일이 다 현실처럼 일어나나 보군요."

보어 박사가 감탄하며 말했어요.

김 박사가 또 다른 아이디어를 냈어요.

"평소에는 사진첩처럼 접어서 보관하다가 폈을 때 공주를 불러오게 하는 건 어때요?"

"하하, 알라딘의 지니가 요술 램프에 들어갔다 다시 불려 나오는 것 같군요."

"그럼 그건 요술 램프가 아니라 첨단 과학으로 만든 3차원 홀로그램 램프?"

드렉슬러 박사와 닐스 보어 박사가 크게 웃었어요. 하지만 김 박사는 웃지 않았어요.

"네, 보어 박사님 바로 그거예요. 그렇게 언제든 공주를 만날 수 있게 해 준다면 우리가 여기서 더 할 일은 없을 것 같아요."

"아니, 그게 가능해요?"

보어 박사는 고개를 갸우뚱거렸어요.

지구별 과학자들은 김 박사의 말도 안 되는 제안을 받아들였어요. 먼저 전자 현미경 렌즈가 실시간 녹화를 하고 그 데이터를 나노 단위 물질에 저장했어요.

마침내 처음으로 공주 모습이 확대 홀로그램으로 나타나자 모두 탄성을 질렀어요.

특히 은나노가 엄청 놀랐어요.

"우아, 이렇게 보니 정말 아기 같아요."

"당연히 아기죠. 우리 크리크리별의 아기."

점점 박사는 감격스러워했어요. 하지만 홀로그램은 자꾸 흔들리고 영상이 끊겼어요.

홀로그램 영상이 흔들리지 않게 좀 더 메모리 양을 늘리고 기계를 줄였어요. 공주 영상을 확대 반사판에 비추어서 홀로그램이 떠오르게 만들었지요. 그렇게 지구별 과학자들은 실험에 실험을 거듭했어요.

그런 다음 공주의 일상을 실시간으로 저장한 것을 미세하게 작은 칩

5장 나노를 느끼게 하라

109

에 담아서 왕비 팔찌에 담았어요.

왕비는 팔찌에서 공주의 모습을 부르는 버튼을 조심스럽게 눌렀어요. 그러자 공주가 실제 아기 크기만큼 커진 모습의 홀로그램으로 두둥실 떠올랐어요.

"아, 내 아기!"

왕비는 더 이상 아무 말도 못하고 눈물만 흘렸어요. 크리크리별의 왕도 눈이 촉촉해졌어요.

다행히 공주는 어디 아픈 데 없이 건강해 보였어요. 왕과 왕비 목소리에 까르르 웃는 것처럼 보이기도 했지요.

비록 홀로그램이지만 아기 모습에 왕과 왕비가 감동 받는 모습을 보고 지구별에서 온 과학자들도 마음이 뭉클했어요.

"정말 감사합니다."

왕비가 울먹이는 목소리로 인사했어요.

"이렇게라도 아기를 만날 수 있어서 다행이에요."

은나노가 왕비에게 말했어요. 은나노는 할아버지 생각이 빛을 발하게 되어서 뿌듯했어요.

보어 박사가 말했어요.

"이제 우리는 지구로 돌아가도 될 것 같은데······."

점점 박사도 그렇다고 생각하는지 조용히 미소지었어요.

🪐 다시 지구로

드디어 떠날 시간이에요. 크리크리별의 왕과 왕비, 점점 박사 그리고 홀로그램으로 확대해서 보이는 공주와 과학자들은 인사를 나누었어요. '우주 엘리베이터'라는 이름의 타임머신을 타고 지구로 간다고 했어요. 은나노는 우주 엘리베이터라는 말을 듣고는 생각만 해도 너무 신기했어요.

점점 박사가 다가왔어요.

"지구별 박사님들, 정말 감사합니다. 갑자기 모셔 와서 놀라고 화가 나셨을 텐데 적극적으로 도와주셔서 얼마나 감사한지 모릅니다."

"솔직히 모셔 온 건 아니지. 납치였어, 납치."

보어 박사가 쓴소리를 했어요.

"사실 난 여기 남고픈 맘이 굴뚝이지만 아직 지구에서 내가 할 일이 남아 있을 테니 돌아가야지."

파인먼 박사도 지구로 돌아가기로 마음먹은 것 같았어요.

은나노는 사실 조금 걱정되었어요. 지구와 크리크리별은 아주 수억만 광년 떨어져 있을 텐데, 혹시 지구에 돌아갔을 때 친구들이 다들 할머니, 할아버지가 되어 있으면 어떡하죠?

"정말 그 시간 그때로 돌아가는 거 맞아요?"

은나노는 점점 박사에게 조심스럽게 물어보았어요.

"하하, 내가 미래로 가 있는 건 아니겠지?"

파인먼 박사도 웃으며 물었어요.

"네, 그건 걱정 안 하셔도 됩니다. 다만 한 가지, 제가 박사님들께 말하지 못한 게 있습니다."

드렉슬러 박사가 궁금한 듯 뭐냐고 물었어요.

"박사님들이 주무실 때 박사님들 머리에 나노 로봇을 넣었어요."

지구별 과학자들은 모두 깜짝 놀랐어요.

"나노 로봇은 박사님들 뇌 속에 들어가 여기 크리크리별의 기억을 지우게 될 거예요."

보어 박사와 파인먼 박사, 드렉슬러 박사는 버럭 화를 냈어요.

"그게 무슨 소리요? 여기서 우리가 얼마나 고생했는데, 우리도 얻는 게 있어야지. 여기서 실험하고 경험한 걸 토대로 우리 연구를 발전시킬 생각이었는데 기억을 다 지운다니. 누구 맘대로!"

점점 박사는 조용히 말했어요.

"다 아시잖아요. 여기서 시공간을 달리 한 과학자들과 함께한 연구를 그대로 지구에 가져가면 아마도 지구의 과학은 그 시간대 과학이 아닐 거예요. 그럼 어떻게 되지요? 우리는 이미 지나간 일을 돌려놓을 수는 없어요. 박사님들이 이미 알게 된 이상 모른 척 전처럼 하던 연구를 그대로 하실 리도 없죠."

드렉슬러 박사는 도저히 인정하고 싶지 않았어요. 여기서 한 일을 토대로 연구를 마무리하면 노벨상을 더 빨리 탈 수 있을 것 같았거든요.

은나노도 아쉬웠어요. 친구들은 모르는 자기만 아는 멋진 비밀을 자랑할 기회였는데 기억할 수 없다고 하니 너무 안타까웠어요. 친구들 중에 외계인과 말해 보고 외계 행성까지 와서 연구에 참여한 아이는 자기밖에 없을 테니까요.

점점 박사는 웃으며 말했어요.

"여쭤 보지도 않고 그렇게 한 건 정말 죄송합니다. 기억은 지워져도 더 빨리 떠오르고 더 멋진 생각으로 연결될 거예요. 그리고 이건 잊지 말았으면 해요. 나아가 박사님의 말씀이요. 보이지 않는 것은 위험합니다. 멋지고 새로운 세상이지만 그만큼 보이지 않기에 조심해야 한다는 것을 잊지 마세요."

"아니, 점점 박사가 그런 말을 할 줄 몰랐는걸요?"

"하하, 사실 처음부터 이럴 생각이었습니다. 저도 스승님의 말씀은 옳다고 생각하니까요."

지구별 박사들은 점점의 말을 듣고 고개를 끄덕였어요.

박사들은 서로 껴안고 손을 꼭 잡았어요. 서로 다른 시간대에 온 사람들이었기에 같은 지구별이라도 다시는 못 만나게 되니까요.

"은나노야, 네게 지구별 미래가 달렸구나!"

파인먼 박사가 은나노 머리를 쓰다듬었어요. 보어 박사도 은나노 손을 꼭 쥐었어요.

드렉슬러 박사는 파인먼 박사를 갑자기 와락 끌어안았어요.

"파인먼 박사님, 실은 제가 정말 존경하는 분입니다. 여기 함께 있을 때는 표현하지 못했어요."

모두 뭉클한 무언가가 가슴속에서 일어났어요.

그때 홀로그램처럼 우주 엘리베이터가 나타났어요. 지구별 박사들은 하나둘 엘리베이터로 슝슝 빨려 들어갔답니다.

점점 박사는 지구별 박사들과 은나노의 뒷모습을 바라보며 진심을 담아 기원했어요.

"잘 가시오, 선조들이여. 부디 올바른 길로 과학을 써서 우리와 같은 미래를 맞이하지 않기를!"

홀로그램과 나노가 관련이 있을까?

1947년 헝가리의 과학자 데니스 가보르가 홀로그래피(Holography)라는 개념을 처음으로 제시했어요. 홀로그래피는 그리스어로 전체를 뜻하는 'Holo'와 기록한다는 의미의 'Graphy'를 합친 단어로, 말 그대로 '전체를 기록하는 기술'을 의미해요.

아날로그 형태의 초기 홀로그램은 저장된 물체 정보만 나타날 수 있기 때문에 실시간으로 이미지가 변하는 동영상 형태의 홀로그램 기술을 구현하기는 어려웠어요. 이러한 문제를 해결하기 위해 등장한 것이 디지털 방식의 홀로그램 기술이에요.

디지털 홀로그램은 수학적 계산과 처리를 통해 간섭무늬(빛의 간섭 현상에 의하여 생기는 동심원 모양으로 된 흑백의 줄무늬)를 만들고 데이터로 기록하여 3D 영상을 재생하는 것이에요.

최근에는 '메타 물질(Metamaterials)'이라는 새로운 광학 소자를 이용하는 기술도 구현됐다고 해요. 메타 물질은 자연계에 존재하지 않고 사람에 의해 인공적으로 만들어진 물질이에요. 사용자가 원하는 형태로 나노 구조의 크기와 형태를 바꾸면서 빛의 세기와 위상을 조절할 수 있는 것이 특징이지요.

이런 기술을 '메타 홀로그램'이라고 해요. 픽셀 사이즈가 수십~수백㎚에 불과한 메타 홀로그램은 매우 높은 화질의 홀로그램 영상을 재생할 수 있는 것이 특징이에요.

포항공과대학교(POSTECH) 연구진은 홀로그램 이미지를 실시간으로 재생할 수 있는 메타 표면을 만드는 연구를 진행하고 있어요. 이미지 생성에 많은 부품이 필요한 기존 홀로그램 디스플레이를 두께가 300㎚에 불과한 초경량 디스플레이로 대체하는 데 성공했다고 해요. 또 태양광과 같은 자연광 아래에서도 선명한 홀로그램 이미지를 띄울 수 있는 기술도 개발했다고 해요. 영화 속 홀로그램 기술이 한층 더 실제로 다가온 것이랍니다. 앞으로는 또 어떤 과학과 나노 기술이 접목될지 기대가 된답니다.

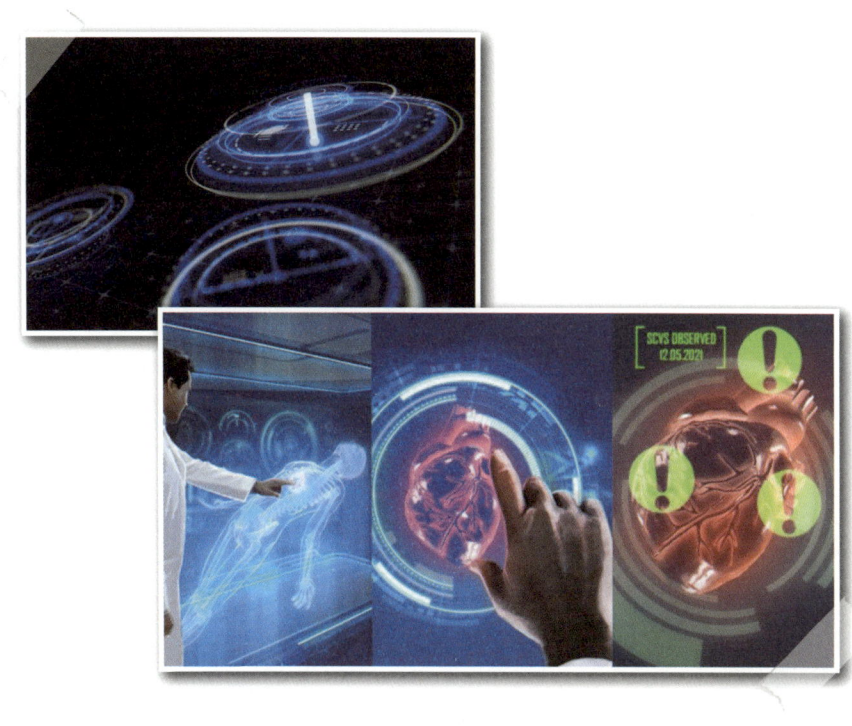

YES or NO

예상되는 나노 미래에 해당되는 것에 모두 ○해 주세요.

스마트 약

나노 기술이 점차 발전해서 앞으로는 난치병 암이나 신체적인 장애를 치료하거나 문제가 되는 부분을 자연스럽게 고칠수 있어. 나노 캡슐에 약을 담은 뒤 나노 로봇을 몸속에 넣으면 특정 병원균만 없애 주니까 고통도 덜 하고 면역력은 남겨 두지.

우주 엘리베이터

강한 탄소 나노 튜브가 발견되면서 우주 정거장까지 연결된 엘리베이터를 설치할 수 있게 되었어.

강해진 군사 기술

가볍고 강한 탄소 나노 튜브로 군인들은 더 튼튼한 헬멧, 가벼운 나노 섬유로 만든 군복으로 무장할 수 있지.

빈부 격차

나노를 이용할 수 있는 사람들과 없는 사람들 사이에 빈부 격차가 나타나 소외되는 사람들이 생길 수 있어.

정답: 모두 다 예상되는 미래의 모습이니까 모두에 ○ 표시 하면 돼.

> 어려운 용어를 파헤치자!

그래핀 탄소 덩어리인 흑연을 원자 한 층 두께로 매우 얇게 벗겨 낸 소재예요. 강하면서 열과 전기를 잘 전달하고 휘어지기도 해 각종 전자 기기 등에 널리 활용될 수 있어서 활발하게 개발 중이에요.

나노 증후군 10억 분의 1의 미세한 정도인 나노가 일상화되면서 나노 입자에 의해 나타날 수 있는 증후군을 말해요. 나노 물질은 미세해서 피부에 흡수되었다가도 다시 빠져나가지만 2%는 체내에 쌓여 독성 물질이 생길 수도 있다고 해요.

우주 엘리베이터 지구에 엘리베이터 승강장을 짓고 지상 위 3만 600㎞ 높이의 정지 궤도에 우주 정거장을 건설한 뒤 엘리베이터 승강장과 연결해서 우주로 승객을 이동할 수 있는 엘리베이터예요.

칩 '마이크로 칩(microchip)'을 줄여서 말한 것으로, 그 안에 컴퓨터 메모리나 마이크로프로세서의 논리 회로 등이 들어 있는, 작지만 대단히 복잡한 기능이 있답니다.

풀로렌 탄소 원자가 구, 타원체, 원기둥 모양으로 배치된 분자를 통칭하는 말이에요. 1985년에 처음 발견되었으며, 흑연 조각에 레이저를 쏘았을 때 남은 그을음에서 발견된 완전히 새로운 물질이에요. 고분자 촉매, 컴퓨터 기억 소자, 우주 항공, 환경 분야에서 혁신을 가져올 차세대 나노 소재로 기대되고 있답니다.

홀로그램 3차원 영상으로 된 입체 사진으로, 홀로그래피 원리를 이용하여 입체상을 재현하여 간섭 줄무늬를 기록한 것이에요.

> 나노 기술과 첨단 세계 관련 사이트

기초과학연구원 www.ibs.re.kr/kor.do
세계적 수준의 기초 과학 연구를 수행하고 이를 통해 창조적 지식 확보와 우수 연구 인력 양성에 기여하기 위하여 설립된 곳이에요. 2011년에 설립되어 우리나라의 유일한 기초 과학 연구 기관이지요. 물리학, 화학, 수학, 생명 과학, 지구 과학, 융합 등 과학의 근간을 이루는 기초 학문을 연구해요.

부산대학교 나노과학기술대학 nano.pusan.ac.kr
나노 과학기술 기초 학문과 응용 학문 분야를 연구하는 대학이고, 국가의 미래 과학 기술을 책임지는 나노 과학기술인으로서의 자질을 함양시키기 위한 교육 기관이에요. 우리나라 최초로 나노 특성화 대학으로 지정된 곳이지요.

한양대학교 나노과학기술연구소 inst.hanyang.ac.kr
나노 과학기술의 기초 및 응용 분야에 관련된 다양한 학제 간 협동 연구를 하고 있는 대학 내 연구소예요. 2004년 한양대학교 내에 설립되었지요.

나노과학기술대학원 gsnt.kaist.ac.kr
2008년 설립된 학교로, 나노 바이오 융합 교육 및 연구를 하고 있어요.

국가나노기술정책센터 www.nnpc.re.kr
정부의 나노 기술 정책 개발 및 전략 수립을 지원하기 위하여 나노 분야의 정보 수집·분석을 통해 정책을 연구·개발하는 기관이에요. 나노 기술이란 무엇인지, 나노 기술의 최신 동향과 성과 등에 대해서 실시간으로 정리해 놓은 곳이에요.

신나는 토론을 위한 맞춤 가이드

나노 기술과 첨단 세계에 대한 이야기를 재미있게 읽었나요? 지금까지 막연하게 알고만 있던 나노 세계, 잘못 알고 있었던 나노 세계에 대해 이제는 정확하게 알게 되었다고요? 그 전에 마지막 단계인 토론을 잊지 마세요. 토론을 잘하려면 올바른 지식과 다양한 정보가 바탕이 되어야 해요. 책을 다 읽고 친구 또는 부모님과 함께 신나게 토론해 봐요!

잠깐! 토론과 토의는 뭐가 다르지?

토론과 토의는 모두 어떤 문제를 해결하기 위해 의견을 나누는 일입니다. 하지만 주제와 형식이 조금씩 달라요. 토의는 여러 사람의 다양한 의견을 한데 모아 협동하는 일이, 토론은 논리적인 근거로 상대방을 설득하는 일이 중요합니다. 토의는 누군가를 설득하거나 이겨야 하는 것이 아니기 때문에 서로 협력해서 생각의 폭을 넓히고 좋은 결정을 내릴 때 필요해요. 반면 토론은 한 문제를 놓고 찬성과 반대로 나뉘어 서로 대립하는 과정을 거치지요.
넓은 의미에서 토론은 토의까지 포함하는 경우가 많습니다. 토론과 토의 모두 논리적으로 생각 체계를 세우고, 사고력과 창의성을 높이는 데 도움을 준답니다.

토론의 올바른 자세

말하는 사람
1. 자신의 말이 잘 전달되도록 또박또박 말해요.
2. 바닥이나 책상을 보지 말고 앞을 보고 말해요.
3. 상대방이 자신의 주장과 달라도 존중해 주어요.
4. 주어진 시간에만 말을 해요.
5. 할 말을 미리 간단히 적어 두면 좋아요.

듣는 사람
1. 상대방에게 집중하면서 어떤 말을 하는지 열심히 들어요.
2. 비스듬히 앉지 말고 단정한 자세를 해요.
3. 상대방이 말하는 중간에 끼어들지 않아요.
4. 다른 사람과 떠들거나 딴짓을 하지 않아요.
5. 상대방의 말을 적으며 자기 생각과 비교해 봐요.

체계적으로 생각하기
나노 물질은 정말 위험할까요?

평소엔 아무렇지 않다가 특정 반응에 따라 독성을 띠는 나노 물질이 있어요. 다음은 그런 나노 물질의 위험성을 측정하는 방법에 대한 내용이에요. 잘 읽고 질문에 답해 보세요.

환경 보호 단체 '지구의 친구들(FoEE)'이 11일(파리 현지 시간) 음식물에 첨가되는 나노 물질이 위험하다며 이를 합법적으로 인정하는 유럽 식품법에 허점이 있음을 지적했다. AFP 통신에 따르면 지구의 친구들은 보고서에서 유럽 연합에서 유통되는 음식 관련 제품 중 적어도 104개가 나노 물질을 포함하고 있거나 나노 기술로 생산됐지만 이는 건강 안전법에서 충분한 검증을 거치지 않았다고 주장했다.

이런 나노 식품들은 전 세계적으로 수백여 개가 유통되고 있다. 나노 입자는 신약 개발과 같은 과학 및 의료 분야에서 가진 잠재력 때문에 기초 실험 분야에서 활발히 연구되고 있다. 하지만 나노 입자들은 이를 다루는 근로자와 소비자에 대한 안전 검증도 거치지 않은 채 점점 실험실에서 공공 영역으로 유입되고 있다.

이 단체가 제시한 나노 제품 명단에는 영양제, 용기나 주방용 랩, 향균 주방용품을 비롯해 가공 육류와 초콜릿 음료도 포함돼 있다. 지구의 친구들 운동가 헬렌 홀더는 "유럽인들은 적절한 규제책이 확립될 때까지 음식이나 용기에 있을 수 있는 독성 물질에 노출돼서는 안 된다"고 주장했다. 또 "입법자들은 현행 규제책이 나노 기술의 등장을 다루는 데 적합하다는 말도 안 되는 주장은 그만두고 당장 식품 안전법의 허점을 보완해야 한다"고 주장했다.

프랑스 과학자들은 지난달 파리의 기자 회견에서 나노 입자는 호흡기를 통해 폐에 들어갈 수 있고 상처를 통해 혈액에도 유입될 수 있어 폐와 혈액의 독성 감염 여부가 가장 우려된다고 밝혔다.

뉴시스 2008/03/02

1. 환경 보호 단체 '지구의 친구들'이 나노 물질 사용에 있어서 가장 문제 삼는 부분은 무엇인지, 기사 내용을 보면서 정리해 보세요.

2. 나노가 유해하다 안 하다의 문제는 단순한 선택의 문제가 아니에요. 안전하기만 하다면 꿈 같은 세상이 펼쳐지는 나노 과학 세상. 우리는 나노를 안전하게 사용하기 위해 어떻게 대처해야 할까요?

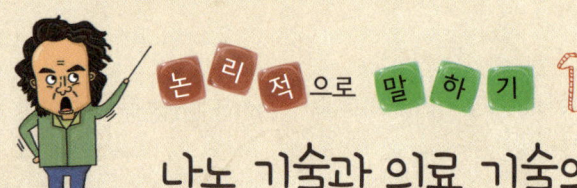

논리적으로 말하기 1
나노 기술과 의료 기술의 결합, 괜찮을까요?

촉망 받는 운동선수가 어느 날 사고로 다리를 잃게 되었다고 생각해 봅시다. 많은 이들은 안타까워할 거예요. 무엇보다 선수는 좌절하고 삶을 포기하고 싶을 수도 있어요. 사고로 다친 순간 더 이상 꿈을 키울 수 없을 테니까요.

그러나 나노 과학이 발전한 미래라면 이야기가 달라집니다. 단순히 원래 사람 팔다리 모양을 만드는 것을 넘어서서 영화처럼 엄청난 힘을 가진 팔다리를 가질 수도 있어요. 팔다리의 기능은 근육을 얼마나 구현해 내느냐에 있어요. 근육을 사용해서 움직일 수 있는지 또한 움직임을 넘어 힘을 쓸 수 있는지가 중요하지요.

현재 연구된 바에는 가볍고 강도가 센 탄소 나노 튜브에 아크릴이나 비단 대나무를 같이 꼬아서 인공 근육을 만들면 기본 근육의 힘보다 약 40배 더 힘센 근육을 만들 수 있다고 해요.

여기에 탄소 나노 튜브나 그래핀을 넣은 인공 관절, 인공 근육은 사람이 태어날 때부터 갖고 있던 신체 일부보다 훨씬 더 튼튼하고 힘센 관절과 근육을 갖게 만들어 주지요. 나노 과학이 발달할수록 우리 미래는 불가능을 가능으로 바꿀 수 있지요. 성형 수술을 하듯 팔다리를 인공 팔다리로 인공 근육으로 바꾸어 수술하는 시대가 열릴지도 모릅니다.

1. 자신이 원래 갖고 태어난 팔다리 대신 엄청난 무게를 들어올릴 수 있는 힘을 갖게 된다면 성형 수술처럼 인공 팔다리로 교체할 마음이 있나요?

2. 의학 부분, 생명 과학 연구에 쓰이는 나노는 우리에게 이롭기만 할까요?

3. 나노의 미래가 우리의 삶을 어디까지 바꿔 놓을지 상상해서 말해 보세요.

논리적으로 말하기 2
나노 기술, 독일까요? 약일까요?

평소엔 아무렇지 않다가 특정 반응에 따라 독성을 띠는 나노 물질이 있어요. 다음은 그런 나노 물질의 위험성을 측정하는 방법에 대한 내용이에요. 잘 읽고 질문에 답해 보세요.

한국표준과학연구원은 미국 국립표준기술연구소(NIST)와 공동으로 제안한 '나노 물질 광촉매 활성 측정법'이 국제 표준에 채택됐다고 4일 밝혔다.

산화 아연, 이산화 티타늄, 탄소 나노 튜브 등 나노 물질은 산업 현장뿐만 아니라 자외선 차단제 등 화장품의 원료로도 널리 쓰인다. 이들은 광촉매 활성(물질 사이에 전자를 주고받는 산화 환원 반응의 일종)을 갖고 있어 자외선과 반응하면 활성 산소를 형성한다. 활성 산소는 생체 조직을 공격하고 세포를 훼손하기 때문에 나노 물질의 광촉매 활성을 측정해 품질을 관리하는 것이 필수적이다.

광촉매 활성과 관련된 기존 표준 문서(ISO 10676·10678)로는 나노 물질에 적용할 수 없다는 한계가 있다. 이번에 국제 표준으로 승인된 ISO 20814 문서는 나노 물질이 물에 분산된 상태에서 광촉매 활성 정도를 측정할 수 있다.

사람 체내에도 존재하는 에너지 대사 물질 'NADH'가 산화되는 정도를 통해 광촉매 활성을 확인한다. 이태걸 표준연 부원장은 "나노 입자의 안전성을 평가할 수 있는 표준을 마련할 수 있을 것"이라고 기대했다.

연합뉴스 2020/03/05

1. 기사에 나온 나노 독성의 위험을 듣고 나노에 대한 어떤 생각을 갖게 되었나요?

2. 나노 독성을 수치화하는 것이 왜 필요할까요?

창의력 키우기

우리가 꿈꾸는 첨단 나노의 세계는?

가을이나 겨울철 서로 스치거나, 악수를 하거나 옷을 입고 벗을 때도 정전기가 일어나요. 늘 전기가 부족하다고 하는데 이 정전기를 전기로 사용할 수 없을까요? 개인이 갖고 다닐 수 있는 발전기가 있다면 우리는 충전하지 않아도 자가 발전기로 전기를 만들어 사용할 수 있을 거예요. 나노 발전기가 있으면 마찰 전기를 이용하여 배터리 없는 세상이 만들어져요.

탄소 나노 튜브를 실처럼 만들어 바다에 띄우면 파도의 흔들림만으로도 전기 에너지가 만들어져요. 흔들리거나 움직임만 감지되니 계속 흔들리는 스마트폰이나 드론에도 배터리 없이 적용될 수 있어요. 여러분이 꿈꾸는 또 다른 첨단 나노의 세계는 어떤 모습인가요? 글이나 그림으로 자유롭게 표현해 보세요.

예시 답안

나노 물질은 정말 위험할까요?

1. 기사가 작성되는 시기, '지구의 친구들'의 조사 결과 유럽 연합에서 유통되는 음식 관련 제품 중 104개가 나노 물질을 포함하거나 나노 기술을 이용하여 생산되었다. 그러나 현행 법으로 그 문제를 제재하거나 안전성을 검증하지 않는 것을 문제 삼은 것이다. 이것은 소비자뿐만 아니라 이러한 제품을 생산, 유통하는 근로자의 건강에도 영향을 미칠 수 있기에 '지구의 친구들'은 적절한 규제책이 마련되어야 한다고 주장하는 것이다.
2. 나노 기술 연구자와 그 기술을 이용하여 제품을 생산하는 기업들이 보다 안전한 환경에서 제품을 만들고 판매할 수 있도록 국가에서 법으로 보완할 필요가 있다고 생각한다. 또한 소비자들도 나노 과학에 대해 무조건적으로 환영할 것이 아니라 환경 및 건강에 아무런 문제가 없는지 확인하고 의문이 생기면 문제 제기를 해야 할 것이다.

나노 기술과 의료 기술의 결합, 괜찮을까요?

1. 예시 ① 지금보다 훨씬 힘을 덜 들이고 무거운 걸 들거나 사고가 났을 때 슈퍼 히어로처럼 해결할 수 있으니까 교체해도 좋을 것 같다.
   예시 ② 몸 전체를 기계로 바꾼다면 그건 더 이상 사람이라고 할 수 없을 것 같아서 나라면 인공 팔다리로 바꾸지 않을 것이다.
2. 나노 물질에 대해 완전히 안심할 수가 없어서, 우리 인체와 결합했을 때 어떤 독성 작용을 할지 몰라 좀 불안하다. 그래도 당장 생명에 지장이 있는 경우에는 나노 기술이 분명 도움이 될 것이다.
3. 아마도 나노 기술이 접목되지 않는 분야가 없을 것이다. 어쩌면 사이보그 같은 인간의 수가 훨씬 많아질지도 모르겠다. 한편으로 지금 해결되지 않는 미세 플라스틱 같은 환경 문제가 더욱 심해질 수도 있다.

나노 기술, 독일까요? 약일까요?

1. 자외선 차단제 같은 화장품에 나노 물질이 들어간다는 걸 처음 알았다. 햇빛을 막기 위한 용도인데, 오히려 햇빛과 만나서 활성 산소를 만든다고 하니 너무 충격적이다.
2. 모든 제품의 안전도를 표준화해서 체크하지 않으면, 우리 몸에 어떤 영향을 미칠지 전혀 알 수 없기 때문이다. 만약 화장품에 들어간 나노 물질의 광촉매 활성도를 모르는 상태라면, 자외선을 차단하려는 목적으로 매우 자주 사용하여 오히려 독이 될 것이다.

정가 480,000원

개념 수학 〈1단계〉① 양치기 소년은 연산을 못한대(수와 연산) ② 견우와 직녀가 분수 때문에 싸웠대(수와 연산) ③ 헨젤과 그레텔은 도형이 너무 어려워(도형) ④ 쉿! 신데렐라는 시계를 못 본대(측정) ⑤ 알쏭달쏭 알라딘은 단위가 헷갈려(측정) ⑥ 떡장수 할머니와 호랑이는 구구단을 몰라(규칙성) ⑦ 아기 염소는 경우의 수로 늑대를 이겼어(자료와 가능성) ⑧ 개념 수학 1단계-백점맞는 수학 문장제 〈2단계〉⑨ 가우스, 동화 나라의 사라진 0을 찾아라(수와 연산) ⑩ 가우스는 소수 대결로 마녀들을 물리쳤어(수와 연산) ⑪ 앨런, 분수와 소수로 악당 히들러를 쫓아내라(수와 연산) ⑫ 오일러와 피노키오는 도형춤 대회 1등을 했어(도형) ⑬ 오일러, 오즈의 입체도형 마법사를 찾아라(도형) ⑭ 유클리드, 플라톤의 진리를 찾아 도형 왕국을 구하라(도형) ⑮ 아르키는 어림하기로 걸리버 아저씨를 구했어(측정) ⑯ 페르마, 수리수리 규칙을 찾아라(규칙성) ⑰ 피보나치, 수를 배열해 비밀의 방을 탈출하라(규칙성) ⑱ 파스칼은 통계 정리로 나쁜 왕을 혼내줬어(자료와 가능성) ⑲ 개념 수학 2단계-백점맞는 수학 문장제 〈3단계〉⑳ 약수와 배수로 유령 선장을 이긴 15소년(수와 연산) ㉑ 입체도형으로 수학왕이 된 앨리스(도형) ㉒ 원주율로 떠나는 오디세우스의 수학 모험(측정) ㉓ 비례배분으로 보물섬을 발견한 해적 실버(규칙성) ㉔ 로미오와 줄리엣이 첫눈에 반할 확률은?(자료와 가능성) ㉕ 개념 수학 3단계-백점맞는 수학 문장제

융합 수학 ㉖ 쌍둥이 건물 속 대칭축을 찾아라(건축) ㉗ 열차와 배에서 배수와 약수를 찾아라(교통) ㉘ 스포츠 속 황금 각도를 찾아라(스포츠) ㉙ 옷과 음식에도 단위의 비밀이 있다고?(음식과 패션) ㉚ 꽃잎의 개수에 담긴 수열의 비밀(자연)

창의 수학 ㉛ 퍼즐탐정 셜링홈즈1-외계인 스콜피오스의 음모 ㉜ 퍼즐탐정 셜링홈즈2-315일간의 우주여행 ㉝ 퍼즐탐정 셜링홈즈3-뒤죽박죽 백설공주 구출 작전 ㉞ 퍼즐탐정 셜링홈즈4-'지지리 마린드러'의 방학숙제 대작전 ㉟ 퍼즐탐정 셜링홈즈5-수학자 '더하기를 모테'와 한판 승부 ㊱ 퍼즐탐정 셜링홈즈6-설국언차 기관사 '얼어도 달리능기라' ㊲ 퍼즐탐정 셜링홈즈7-해설 및 정답

개념 사전 ㊳ 수학 개념 사전 1(수와 연산) ㊴ 수학 개념 사전 2(도형) ㊵ 수학개념사전 3(측정/규칙성/자료와 가능성)